Papst Franziskus

Gott ist barmherzig

Papst Franziskus

Gott ist barmherzig

Herausgegeben von Simon Biallowons

HERDER

FREIBURG · BASEL · WIEN

© Verlag Herder GmbH, Freiburg im Breisgau 2016
Alle Rechte vorbehalten
www.herder.de
© für die Papsttexte: Libreria Editrice Vaticana 2016

Satz: Barbara Herrmann, Freiburg
Herstellung: CPI books GmbH, Leck
Printed in Germany

ISBN 978-3-451-31146-8

INHALT

Vorwort:
»Die Barmherzigkeit Gottes
verändert die Welt!«

Antlitz der Barmherzigkeit (*Misericordiae vultus*), so lautet der deutsche Titel der Bulle, mit der Papst Franziskus das »Außerordentliche Jubiläum der Barmherzigkeit« angekündigt hat. Antlitz der Barmherzigkeit: Der Titel des Schreibens war kaum in der Welt, da fingen die personalisierenden Wortspiele an. Ist nicht Franziskus selbst solch ein Antlitz der Barmherzigkeit, hat nicht er als Person das Gesicht der Kirche in der öffentlichen Wahrnehmung verändert? Man denke nur an Gesten und Szenen wie die von der Fußwaschung im Gefängnis an Gründonnerstag. Franziskus, das Antlitz der Barmherzigkeit?

Nun, tatsächlich lädt eine solche Stelle wie diese zu einer sprachlichen Überhöhung des Heiligen Vaters zum Barmherzigen Vaters ein: »In dieser wunderschönen Rede Jesu ist auch vom Türhüter die Rede, der die Aufgabe hat, dem guten Hirten zu öffnen (vgl. Joh 10,2). Wenn der Türhüter die Stimme des Hirten hört, dann öffnet er und lässt alle Schafe herein, die der Hirt bringt; ... Auch der Türhüter selbst gehorcht der Stimme des Hirten. Wir können also sagen, dass wir wie dieser Türhüter sein müssen. Die Kirche ist Pförtnerin des Hauses des Herrn; sie ist nicht Herrin über das Haus des Herrn.« Und etwas vorher: »Der Türdienst verlangt aufmerksame Unterscheidungsgabe und muss gleichzeitig großes Vertrauen einflößen. Ich möchte ein Wort des Dankes an alle Türhüter sagen: in unseren Wohnblöcken, den zivilen Einrichtungen, auch den Kirchen. Oft können Umsicht und Freundlichkeit des Pförtners dem ganzen Haus bereits am Eingang den Eindruck der Menschlichkeit und der gastfreundlichen Aufnahme verleihen.« Franziskus erscheint den meisten Menschen als solch ein Türhüter, der dem Haus der Kirche ein freundliches, ein einladendes Gesicht gibt.

Der Papst selbst freilich würde solch eine Vereinnahmung seiner Person skeptisch sehen. Erstens, weil er sich gegen den regelrechten Kult, der um ihn seit Beginn seines Pontifikats herrscht und der sogar zu Superman- Graffitis auf römischen Hauswänden geführt hat, sträubt. Nicht sehr erfolgreich, zugegeben, wenn man weiter manche schon erheiternde Blüten sieht, die die Franziskus-Verehrung treibt. Vor allem aber, weil damit das Eigentliche, das ihm wirklich Wichtige oberflächlich abgehandelt und wegpersonifiziert wird. Denn so weit stimmt es ja: Barmherzigkeit ist das Schlüsselwort, um diesen Papst und dieses Pontifikat zu verstehen. Mehr noch, es ist für Franziskus das Schlüsselwort des Evangeliums und die, wie er mit dem heiligen Thomas sagt, größte Tugend überhaupt. Barmherzigkeit, das macht der Heilige Vater immer wieder klar, ist kein nettes Tugend-Add-on. Es ist das, was Gott ausmacht und uns ausmachen soll. Es ist Angebot und Anspruch zugleich, die an jeden Christen, ja an jeden Menschen ergehen.

Gott ist barmherzig. Das ist die Prämisse, biblisch verortet, von der Franziskus ausgeht: »Gott wird in der Geschichte der Menschheit immer gegenwärtig sein als der Nahe, der Vorsorgende, der Heilige und Barmherzige. Mit dem Wortpaar ›geduldig und barmherzig‹ wird im Alten Testament häufig die Natur Gottes beschrieben«, erläutert der Papst in *Misericordiae vultus*. Und in *Evangelii Gaudium* betont er: »Das ist eine so klare, so direkte, so einfache und vielsagende Botschaft, dass keine kirchliche Hermeneutik das Recht hat, sie zu relativieren.«

Was bedeutet es aber konkret, barmherzig zu sein? Am leichtesten fällt die Antwort auf diese Frage, wenn es um das geht, was wir im zweiten Kapitel des Epheserbriefes finden: Dort heißt es, dass Gott »reich an Erbarmen« sei und er uns Menschen »um seiner großen Liebe willen … mit Christus zusammen lebendig gemacht« hat. Gott, der Erbarmer, der barmherzige Vater, der den verlorenen Sohn immer wieder aufnimmt – im vorliegenden Buch ist dem »barmherzigen Vater« ein eigenes Kapitel gewidmet, in dem es unter anderem heißt: »Gott wartet immer auf uns, er wird nicht müde. Jesus führt uns diese barmherzige Geduld Gottes vor Augen, damit wir Vertrauen und Hoffnung zurückgewinnen, immer!« (S. 70) Gott ist barmherzig und er hat Geduld mit uns: Das ist eine der wunderbarsten Aussagen der christlichen Botschaft, die Franziskus immer wiederholt – sehr geduldig.

Ein anderer Aspekt, der – alle anderen Aspekte verweisen ebenso notwendig aufeinandereinander – eng mit der oben angesprochenen Prämisse zusammenhängt, ist das, was der 1. Johannesbrief so knapp zusammenfasst: »Gott ist Liebe.« (1 Joh 4,16) Es ist bereits angeklungen, dass Barmherzigkeit und Liebe untrennbar zusammengehören. Nur, wie verhalten sich dann die beiden Aussagen »Gott ist Liebe« und »Gott ist Barmherzigkeit« zueinander? Ist die Barmherzigkeit letztlich ein Ausdruck der Liebe Gottes, eine Eigenschaft des grundsätzlichen Wesens Gottes? Eine Über- und Unterordnung hier zu analysieren, hieße, das Packende, das Emotionale, das Geheimnisvolle der Barmherzigkeitsbotschaft zu sehr in den Hintergrund zu stellen. Lediglich eine kurze etymologische Bemerkung sei gestattet: Im Alten Testament wird im Kontext mit der Barmherzigkeit Gottes oft das Wort »hèsèd« verwendet, das zugleich schlicht »Liebe« bedeutet. Allein an diesem einen Wort mit seinen zwei Nuancen wird klar, dass sich beide Begriffe nicht voneinander trennen lassen. Der Wiener Kardinal Christoph Schönborn hat dazu in einer Katechese eindrucksvolle Worte gefunden: »Im Hintergrund steht hier der Begriff hèsèd, der gemeinsam mit dem Wort rahamim die alttestamentliche Rede von Gottes Barmherzigkeit bestimmt. Hèsèd bezeichnet ›eine tief verwurzelte Haltung von Güte‹. … Beide Worte, hèsèd und rahamim, bezeichnen Gottes Barmherzigkeit, das eine betont mehr die männlichen Charakterzüge der Treue, das andere mehr die Mutterliebe. Die göttliche Barmherzigkeit ist eine tiefe, völlige Zuwendung, die verbindlich, dauerhaft, treu und ganz personal dem gilt, dem sie sich zuwendet. Nichts wäre ihr fremder als ein vages ›Allerweltsgefühl‹ des Wohlwollens. Wem Gott seine Barmherzigkeit zuwendet, der ist als Person unverwechselbar gemeint, angesprochen, geliebt.«

Barmherzigkeit und Liebe sind demnach Ausdruck des Wesens Gottes und hängen untrennbar zusammen. Zugleich hat Kardinal Schönborn auf etwas hingewiesen, was manchmal zu kurz kommt: Barmherzigkeit ist nicht nur das Vergeben oder gar Verzeihen von Dingen, bezogen auf Gott oder den Menschen. Es geht auch nicht um etwas, was heute vielleicht als »Gutmenschentum« abgekanzelt würde, um ein interessiertes Wohlwollen, das einhergeht mit einer Spende oder anderen freundlichen Geste, die mehr des Anstands oder gar einer Mode willen getätigt wird. Barmherzigkeit bezieht sich immer auf den ganzen Menschen, auf sein ganzes Sein als Person (und damit mit all den Implikationen, die dieses Personsein mit sich bringt) in einer Form der liebenden, der letztlich radikalen Annahme. Und, das ist entscheidend: Diese liebende Annahme gilt uns, von Gott her. Sie soll aber auch dem Mitmenschen von uns her gelten. Barmherzigkeit ist keine göttliche Einbahnstraße zum Menschen. Sie ist einerseits Dialog, denn wir müssen diese Barmherzigkeit annehmen – und das ist durchaus nicht immer leicht – und zugleich beantworten. Beantworten, indem wir selbst zu »Werkzeugen der Barmherzigkeit« werden: »Lassen wir uns von der Barmherzigkeit Gottes erneuern, lassen wir zu, dass Jesus uns liebt, dass die Macht seiner Liebe auch unser Leben umwandle; und werden wir zu Werkzeugen dieser Barmherzigkeit, zu Kanälen, durch welche Gott die Erde bewässern, die ganze Schöpfung behüten sowie Gerechtigkeit und Frieden erblühen lassen kann.« (S. 29)

Das Verhältnis von Gerechtigkeit und Barmherzigkeit ist in diesem Zusammenhang immer wieder erläutert, manchmal aber auch nicht einmal mehr erläutert oder diskutiert, sondern schlichtweg polemisiert worden. Gezeichnet wurde das Bild einer Kirche, die alles vergibt und in der nichts mehr gilt. Hort der Beliebigkeit statt Ort der Heiligkeit. In der Tat ist die Frage nach dem Verhältnis von Barmherzigkeit und Gerechtigkeit keine einfache. Franziskus widmet sich dem Thema dementsprechend ausführlich in *Misericordiae vultus*. Eine abschließende Klärung bietet das Dokument nicht, kann es vielleicht auch gar nicht. Der Papst definiert den biblischen Begriff der Gerechtigkeit als Beachtung des Gesetzes und als Verhalten, das dem göttlichen Gebot entspricht. Das mag nicht unbedingt manchem modernem Begriff von Gerechtigkeit entsprechen, wird aber von Franziskus als Ausgangspunkt genommen. Die Barmherzigkeit nun hebele diese Gerechtigkeit nicht aus. Sie stehe auch nicht im Gegensatz dazu, wie das manchmal dargestellt würde. Nein, aber: »Die Gerechtigkeit alleine genügt nicht und die Erfahrung lehrt uns, dass wer nur an sie appelliert, Gefahr läuft, sie sogar zu zerstören. Darum überbietet Gott die Gerechtigkeit mit der Barmherzigkeit und der Vergebung. Das bedeutet keinesfalls, die Gerechtigkeit unterzubewerten oder sie überflüssig zu machen. Ganz im Gegenteil. Wer einen Fehler begeht, muss die Strafe verbüßen. Aber dies ist nicht der Endpunkt, sondern der Anfang der Bekehrung, in der man dann die Zärtlichkeit der Vergebung erfährt. Gott lehnt die Gerechtigkeit nicht ab. Er stellt sie aber in einen größeren Zusammenhang und geht über sie hinaus, so dass man die Liebe erfährt, die die Grundlage der wahren Gerechtigkeit ist.« (S. 138) Ansonsten, so Franziskus, wäre Gott »nicht mehr Gott, sondern vielmehr wie die Menschen, die die Beachtung des Gesetzes einfordern«. Franziskus stellt hier unmissverständlich fest: Liebe-Barmherzigkeit übersteigt die Gerechtigkeit, da die Liebe die Grundlage der wahren Gerechtigkeit ist. Diese wiederum ist letztlich dem Maßstab des Menschen entzogen, ihm aber zugleich wiederum als eigentlich göttliches Gesetz vor- und eingeschrieben.

Gerade an diesen Passagen lassen sich noch einmal Anspruch und Angebot, die für Franziskus die Barmherzigkeit in sich trägt, erahnen. Wie sehr ihn diese Überzeugung prägt, belegt auch eine Aussage aus einem Interview mit der offiziellen Jubiläumszeitung »Credere«: »Ich bin ein Mensch, der Vergebung erfahren hat. Gott hat mich mit Barmherzigkeit angesehen und mir vergeben.« Das Wissen um sich selbst als Sünder, dem vergeben wurde, prägt den Papst. Und zwar so, dass diese Erfahrung in sich einen Anspruch trägt, der wiederum konkret ist und sich in konkreten Taten ausdrücken muss: »Wie man sieht, ist die Barmherzigkeit in der Heiligen Schrift das Schlüsselwort, um Gottes Handeln uns gegenüber zu beschreiben. Er beschränkt sich nicht darauf, seine Liebe zu beteuern, sondern er macht sie sichtbar und greifbar. Tatsächlich kann die Liebe nie ein abstrakter Begriff sein.

Aus ihrer Natur heraus ist sie stets konkrete Wirklichkeit: Absichten, Einstellungen und Verhalten, die sich im tagtäglichen Handeln bewähren.« (S. 108) Nach Franziskus ist der Mensch aufgerufen, konkret und direkt in der Welt tätig zu werden – ganz nach dem Bild der »Werke der Barmherzigkeit«. Barmherzigkeit, so könnte man mit Leo Dehon sagen, dem Gründer der Herz-Jesu-Priester, das ist »Mystik und Politik«, ist »Kontemplation und Aktion«. Oder, um mit einem Wunsch von Franziskus zu schließen: »Das Geschenk der Barmherzigkeit Gottes breite sich durch uns aus, hinein in die ganze Gesellschaft, die verschiedenen Institutionen, die Arbeitsstellen und Familien. Die Gabe der Barmherzigkeit führt uns dazu, Gutes zu tun. Sie befreit uns von der Eigenliebe und öffnet uns für die wirkliche Liebe. In diesem Licht werden wir uns selbst als Sünder erkennen und bekennen, damit wir die göttliche Barmherzigkeit erfahren. Die Barmherzigkeit Gottes verändert die Welt!« (S. 85)

Simon Biallowons
München, Dezember 2015

Gebet der Barmherzigkeit

Herr Jesus Christus,
du hast uns gelehrt, barmherzig zu sein wie der
  himmlische Vater,
und uns gesagt, wer dich sieht, sieht ihn.
Zeig uns dein Angesicht, und wir werden Heil finden.

Dein liebender Blick
befreite Zachäus und Matthäus aus der Sklaverei des
  Geldes;
erlöste die Ehebrecherin und Maria Magdalena davon,
das Glück nur in einem Geschöpf zu suchen;
ließ Petrus nach seinem Verrat weinen
und sicherte dem reumütigen Schächer das Paradies zu.
Lass uns dein Wort an die Samariterin so hören,
als sei es an uns persönlich gerichtet:
»Wenn du wüsstest, worin die Gabe Gottes besteht!«
Du bist das sichtbare Antlitz des unsichtbaren Vaters
und offenbarst uns den Gott, der seine Allmacht vor allem
in der Vergebung und in der Barmherzigkeit zeigt.
Mache die Kirche in der Welt zu deinem sichtbaren
  Antlitz,

dem Angesicht ihres auferstandenen und verherrlichten Herrn.
Du wolltest, dass deine Diener selbst der Schwachheit unterworfen sind,
damit sie Mitleid verspüren mit denen, die in Unwissenheit und Irrtum leben.
Schenke allen, die sich an sie wenden,
die Erfahrung, von Gott erwartet und geliebt zu sein
und bei ihm Vergebung zu finden.
Sende aus deinen Geist und schenke uns allen seine Salbung,
damit das Jubiläum der Barmherzigkeit ein Gnadenjahr des Herrn werde
und deine Kirche mit neuer Begeisterung
den Armen die Frohe Botschaft bringe,
den Gefangenen und Unterdrückten die Freiheit verkünde
und den Blinden die Augen öffne.

So bitten wir dich,
auf die Fürsprache Marias, der Mutter der Barmherzigkeit,
der du mit dem Vater in der Einheit des Heiligen Geistes
lebst und herrschst in alle Ewigkeit.
Amen.

Gebet zum Jubiläum der Barmherzigkeit

Barmherzigkeit ist die grösste Tugend

Gefäße der Barmherzigkeit

Der Herr macht uns noch eine andere Verheißung in den Lesungen von heute. Als der gute Hirte, der uns auf den Pfaden des Lebens leitet, verspricht er uns, dass er uns für lange Zeit in seinem Hause wohnen lässt (vgl. Ps 23,6). Auch hier sehen wir seine Verheißung im Leben der Kirche erfüllt. In der Taufe führt er uns zum Ruheplatz am Wasser und schenkt unserer Seele neues Leben; in der Firmung salbt er uns mit dem Öl der geistlichen Freude und mit Kraft; und in der Eucharistie deckt er uns den Tisch und bereitet uns das Mahl seines Leibes und Blutes für das Heil der Welt.

Wir brauchen diese Gnadengaben! Die Welt braucht diese Gaben! … Sie stärken uns in der Treue inmitten der Widrigkeiten, wenn es uns scheint, als wanderten wir im »Tal des Todesschattens« (vgl. Ps 23,4). Aber sie verwandeln auch unsere Herzen. Sie machen uns zu treueren Jüngern des göttlichen Meisters, zu Gefäßen der Barmherzigkeit und des liebevollen Entgegenkommens in einer Welt, die vom Egoismus, von der Sünde und von der Spaltung verletzt ist. Dies sind die Gaben, mit denen Gott euch in seiner Vorsehung fähig macht, als Männer und Frauen des Glaubens zum Aufbau eures Landes in bürgerlicher Eintracht und in brüderlicher Solidarität beizutragen. Es sind besonders Gaben, die mit den jungen Menschen geteilt werden müssen, die hier wie anderswo auf diesem großen Kontinent die Zukunft der Gesellschaft darstellen.

Hier, im Zentrum dieser Universität, wo der Geist und die Herzen der neuen Generationen geformt werden, appelliere ich besonders an die jungen Menschen der Nation. Mögen die großen Werte der afrikanischen Tradition, die Weisheit und die Wahrheit des Wortes Gottes und der großherzige Idealismus eurer Jugend euch in dem Einsatz leiten, eine Gesellschaft zu bilden, die immer gerechter, immer inklusiver und immer respektvoller gegenüber der Menschenwürde ist. Mögen euch immer die Bedürfnisse der Armen am Herzen liegen, und verwerft alles, was zu Vorurteil und Diskriminierung führt, denn diese Dinge sind – wie wir wissen – nicht von Gott.

Alle kennen wir gut das Gleichnis Jesu von dem Mann, der sein Haus auf Sand baute statt auf den Felsen. Als die Stürme tobten, stürzte es ein und wurde völlig zerstört (vgl. Mt 7,24–27). Gott ist der Fels, auf den wir bauen sollen. Er sagt uns das in der ersten Lesung und fragt uns: »Gibt es einen Gott außer mir?« (Jes 44,8).

Wenn der auferstandene Jesus im heutigen Evangelium bekräftigt: »Mir ist alle Macht gegeben im Himmel und auf der Erde« (Mt 28,18), sagt er uns, dass er selbst, der Sohn Gottes, der Fels ist. Außer ihm gibt es niemanden. Als einziger Retter der Menschheit möchte er Männer und Frauen aller Zeiten und Orte zu sich ziehen, um sie zum Vater bringen zu können. Er möchte, dass wir alle unser Leben auf dem festen Fundament seines Wortes aufbauen.

Das ist der Grund, warum Jesus nach seiner Auferstehung und im Moment seiner Rückkehr zum Vater seinen Aposteln den großen Missionsauftrag erteilt hat, den wir im heutigen Evangelium gehört haben: »Darum geht zu allen Völkern und macht alle Menschen zu meinen Jüngern; tauft sie auf den Namen des Vaters und des Sohnes und des Heiligen Geistes, und lehrt sie, alles zu befolgen, was ich euch geboten habe« (Mt 28,19–20).

Das ist die Aufgabe, die der Herr jedem von uns gibt. Er verlangt von uns, missionarische Jünger zu sein, Männer und Frauen, die die Wahrheit, die Schönheit und die Kraft des Evangeliums ausstrahlen, das das Leben verwandelt. Männer und Frauen, die Kanäle der Gnade Gottes sind, die seiner Barmherzigkeit, seinem Wohlwollen und seiner Wahrheit erlauben, die Bauelemente für ein Haus zu werden, das fest und beständig bleibt. Ein Haus, das ein Heim ist, in dem Brüder und Schwestern endlich in Eintracht und gegenseitiger Achtung leben, im Gehorsam gegenüber dem Willen des wahren Gottes, der uns in Jesus den Weg zu jener Freiheit und jenem Frieden gezeigt hat, nach denen alle Herzen streben.

Jesus, der gute Hirt, der Fels, auf den wir unser Leben bauen, leite euch und eure Familien alle Tage eures Lebens auf dem Weg des Guten und der Barmherzigkeit.

Aussprüche auf dem Campus der Universität Nairobi, 26. November 2015

»An sich ist die Barmherzigkeit die größte der Tugenden«

Der heilige Thomas von Aquin lehrte, dass es auch in der moralischen Botschaft der Kirche eine Hierarchie gibt, in den Tugenden und in den Taten, die aus ihnen hervorgehen. Hier ist das, worauf es ankommt, vor allem »den Glauben zu haben, der in der Liebe wirksam ist« (Gal 5,6). Die Werke der Nächstenliebe sind der vollkommenste äußere Ausdruck der inneren Gnade des Geistes: »Das Hauptelement des neuen

Gesetzes ist die Gnade des Heiligen Geistes, die deutlich wird durch den Glauben, der durch die Liebe handelt.« Darum behauptet der heilige Thomas, dass in Bezug auf das äußere Handeln die Barmherzigkeit die größte aller Tugenden ist: »An sich ist die Barmherzigkeit die größte der Tugenden. Denn es gehört zum Erbarmen, dass es sich auf die anderen ergießt und – was mehr ist – der Schwäche der anderen aufhilft; und das gerade ist Sache des Höherstehenden. Deshalb wird das Erbarmen gerade Gott als Wesensmerkmal zuerkannt; und es heißt, dass darin am meisten seine Allmacht offenbar wird.«

Evangelii Gaudium, 37

Selig die Barmherzigen

Der Aufruf, auf den Schrei der Armen zu hören, nimmt in uns menschliche Gestalt an, wenn uns das Leiden anderer zutiefst erschüttert. Lesen wir noch einmal, was das Wort Gottes über die Barmherzigkeit sagt, damit es kraftvoll im Leben der Kirche nachhallt. Das Evangelium verkündet: »Selig die Barmherzigen, denn sie werden Erbarmen finden« (Mt 5,7). Der Apostel Jakobus lehrt, dass die Barmherzigkeit den anderen gegenüber uns erlaubt, siegreich aus dem göttlichen Gericht hervorzugehen: »Redet und handelt wie Menschen, die nach dem Gesetz der Freiheit gerichtet werden. Denn das Gericht ist erbarmungslos gegen den, der kein Erbarmen gezeigt hat. Barmherzigkeit aber triumphiert über das Gericht« (2,12–13). In diesem Text erweist Jakobus sich als Erbe des größten Reichtums der nachexilischen jüdischen Spiritualität, die der Barmherzigkeit einen speziellen Heilswert zuschrieb: »Lösch deine Sünden aus durch rechtes Tun, tilge deine Vergehen, indem du Erbarmen hast mit den Armen. Dann mag dein Glück vielleicht von Dauer sein« (Dan 4,24). Aus derselben Perspektive spricht die Weisheitsliteratur vom Almosen als einer konkreten Übung der Barmherzigkeit gegenüber den Notleidenden: »Barmherzigkeit rettet vor dem Tod und reinigt von jeder Sünde« (Tob 12,9). In noch plastischerer Weise wird das im Buch Jesus Sirach ausgedrückt: »Wie Wasser loderndes Feuer löscht, so sühnt Mildtätigkeit Sünde« (3,30). Zum gleichen Schluss kommt auch das Neue Testament: »Vor allem haltet fest an der Liebe zueinander; denn die Liebe deckt viele Sünden zu« (1 Petr 4,8). Diese Wahrheit drang tief in das Denken der Kirchenväter ein und leistete als kulturelle Alternative einen prophetischen Widerstand gegen den hedonistischen heidnischen Individualismus. Wir erwähnen nur ein Beispiel: »Wie wir in der Gefahr eines Brandes eilen, um Löschwasser zu suchen so ist es auch, wenn aus unserem Stroh die Flamme der Sünde aufsteigen würde und wir darüber verstört wären: Wird uns dann die Gelegenheit zu einem Werk der Barmherzigkeit gegeben, freuen wir uns über dieses Werk, als sei es eine Quelle, die uns angeboten wird, damit wir den Brand löschen können.«

Das ist eine so klare, so direkte, so einfache und viel sagende Botschaft, dass keine kirchliche Hermeneutik das Recht hat, sie zu relativieren. Die Reflexion der Kirche über diese Texte dürfte deren ermahnende Bedeutung nicht verdunkeln oder schwächen, sondern vielmehr helfen, sie sich mutig und eifrig zu eigen zu machen. Warum komplizieren, was so einfach ist? Die begrifflichen Werkzeuge sind dazu da, den Kontakt mit der Wirklichkeit, die man erklären will, zu fördern, und nicht, um uns von ihr zu entfernen. Das gilt vor allem für die biblischen Ermahnungen, die mit großer Bestimmtheit zur Bruderliebe, zum demütigen und großherzigen Dienst, zur Gerechtigkeit und zur Barmherzigkeit gegenüber den Armen auffordern. Jesus hat uns mit seinen Worten und seinen Taten diesen Weg der Anerkennung des anderen gewiesen. Warum verdunkeln, was so klar ist? Sorgen wir uns nicht nur darum, nicht in lehrmäßige Irrtümer zu fallen, sondern auch darum, diesem leuchtenden Weg des Lebens und der Weisheit treu zu sein. Denn »den Verteidigern der ›Orthodoxie‹ wirft man manchmal Passivität, Nachsichtigkeit und schuldhafte Mitwisserschaft gegenüber unerträglichen Situationen der Ungerechtigkeit und gegenüber politischen Regimen, die diese beibehalten, vor«.

Evangelii Gaudium, 193–194

Werkzeuge der Barmherzigkeit

*Die Kirche muss der Ort der ungeschuldeten
Barmherzigkeit sein*

Das Heil, das Gott uns anbietet, ist ein Werk seiner
Barmherzigkeit. Es gibt kein menschliches Tun, so
gut es auch sein mag, das uns ein so großes Geschenk
verdienen ließe. Aus reiner Gnade zieht Gott uns an,
um uns mit sich zu vereinen. Er sendet seinen Geist
in unsere Herzen, um uns zu seinen Kindern zu machen, um uns zu verwandeln und uns fähig zu machen,
mit unserem Leben auf seine Liebe zu antworten. Die
Kirche ist von Jesus Christus gesandt als das von Gott
angebotene Sakrament des Heiles. Durch ihr evangeli-
sierendes Tun arbeitet sie mit als Werkzeug der göttlichen Gnade, die unaufhörlich und jenseits jeder
möglichen Kontrolle wirkt. Benedikt XVI. hat dies
treffend zum Ausdruck gebracht, als er die Überlegungen der Synode eröffnete: »Daher ist es wichtig, immer
zu wissen, dass das erste Wort, die wahre Initiative, das
wahre Tun von Gott kommt, und nur indem wir uns in
diese göttliche Initiative einfügen, nur indem wir diese

göttliche Initiative erbitten, können auch wir – mit ihm und in ihm – zu Evangelisierern werden.« Das Prinzip des Primats der Gnade muss ein Leuchtfeuer sein, das unsere Überlegungen zur Evangelisierung ständig erhellt.

Dieses Heil, das Gott verwirklicht und das die Kirche freudig verkündet, gilt allen, und Gott hat einen Weg geschaffen, um sich mit jedem einzelnen Menschen aus allen Zeiten zu vereinen. Er hat die Wahl getroffen, sie als Volk und nicht als isolierte Wesen zusammenzurufen. Niemand erlangt das Heil allein, das heißt weder als isoliertes Individuum, noch aus eigener Kraft. Gott zieht uns an, indem er den vielschichtigen Verlauf der zwischenmenschlichen Beziehungen berücksichtigt, den das Leben in einer menschlichen Gemeinschaft mit sich bringt. Dieses Volk, das Gott sich erwählt und zusammengerufen hat, ist die Kirche. Jesus sagt den Aposteln nicht, eine exklusive Gruppe, eine Elitetruppe zu bilden. Jesus sagt: »Geht zu allen Völkern und macht alle Menschen zu meinen Jüngern« (Mt 28,19). Der heilige Paulus bekräftigt, dass es im Volk Gottes »nicht mehr Juden und Griechen [gibt] … denn ihr alle seid »einer« in Christus Jesus« (Gal 3,28). Zu denen, die sich fern von Gott und von der Kirche fühlen, würde ich gerne sagen: Der Herr ruft auch dich, Teil seines Volkes zu sein, und er tut es mit großem Respekt und großer Liebe!

28

Kirche sein bedeutet Volk Gottes sein, in Übereinstimmung mit dem großen Plan der Liebe des Vaters. Das schließt ein, das Ferment Gottes inmitten der Menschheit zu sein. Es bedeutet, das Heil Gottes in dieser unserer Welt zu verkünden und es hineinzutragen in diese unsere Welt, die sich oft verliert, die es nötig hat, Antworten zu bekommen, die ermutigen, die Hoffnung geben, die auf dem Weg neue Kraft verleihen. Die Kirche muss der Ort der ungeschuldeten Barmherzigkeit sein, wo alle sich aufgenommen und geliebt fühlen können, wo sie Verzeihung erfahren und sich ermutigt fühlen können, gemäß dem guten Leben des Evangeliums zu leben. *Evangelii Gaudium, 112–114*

Werke der Barmherzigkeit

Die Kirche ohne Grenzen und Mutter aller verbreitet in der Welt die Kultur der Aufnahme und der Solidarität, der zufolge niemand als unnütz, als fehl am Platze oder als Auszusondernder betrachtet wird. Wenn die christliche Gemeinschaft ihre Mutterschaft tatsächlich lebt, schenkt sie Nahrung, Orientierung, Wegweisung, geduldige Begleitung. Sie kommt den Menschen im Gebet wie in den Werken der Barmherzigkeit nahe.

Botschaft zum Welttag des Migranten und Flüchtlings 2015

Der unerschöpfliche Wunsch, Barmherzigkeit anzubieten

Die Kirche »im Aufbruch« ist die Gemeinschaft der missionarischen Jünger, die die Initiative ergreifen, die sich einbringen, die begleiten, die Frucht bringen und feiern. »Primerear – die Initiative ergreifen«: Entschuldigt diesen Neologismus! Die evangelisierende Gemeinde spürt, dass der Herr die Initiative ergriffen hat, ihr in der Liebe zuvorgekommen ist (vgl. 1 Joh 4,10), und deshalb weiß sie voranzugehen, versteht sie, furchtlos die Initiative zu ergreifen, auf die anderen zuzugehen, die Fernen zu suchen und zu den Wegkreuzungen zu gelangen, um die Ausgeschlossenen einzuladen. Sie empfindet einen unerschöpflichen Wunsch, Barmherzigkeit anzubieten – eine Frucht der eigenen Erfahrung der unendlichen Barmherzigkeit des himmlischen Vaters und ihrer Tragweite. Wagen wir ein wenig mehr, die Initiative zu ergreifen!

Evangelii gaudium, 24

Werden wir zu Werkzeugen der Barmherzigkeit!

Welch eine große Freude für mich, euch diese Botschaft zu verkünden: Christus ist auferstanden! Ich möchte, dass sie in jedes Haus, in jede Familie gelange und besonders dorthin, wo mehr Leid herrscht, in die Krankenhäuser, in die Gefängnisse …

Vor allem möchte ich, dass sie in alle Herzen gelange, denn dort will Gott diese Frohe Botschaft hineinsäen: Jesus ist auferstanden; es gibt die Hoffnung für dich, du bist nicht mehr unter der Herrschaft der Sünde, des Bösen! Gesiegt hat die Liebe, gesiegt hat die Barmherzigkeit! Immer siegt die Barmherzigkeit Gottes!

Wie die Frauen, Jüngerinnen Jesu, die zum Grab gingen und es leer fanden, können auch wir uns fragen, was dieses Ereignis zu bedeuten habe (vgl. Lk 24,4). Was heißt das, Jesus ist auferstanden? Es bedeutet, dass die Liebe Gottes stärker ist als das Böse und als der Tod selbst; es bedeutet, dass die Liebe Gottes unser Leben umwandeln, die Wüste, die sich in unserem Herzen befindet, zum Erblühen bringen kann. Dies kann die Liebe Gottes vollbringen!

Die gleiche Liebe, aufgrund welcher der Sohn Gottes Mensch wurde und den Weg der Erniedrigung und der Selbsthingabe bis zum Äußersten gegangen ist bis hinunter in die Unterwelt, in den Abgrund der Trennung von Gott, diese gleiche barmherzige Liebe hat den toten Leib Jesu mit Licht durchflutet und ihn verklärt, ließ ihn ins ewige Leben übergehen. Jesus ist nicht ins frühere Leben zurückgekehrt, ins irdische Leben, sondern eingetreten in das Leben der Herrlichkeit Gottes, und er ist dort mit unserem Menschsein eingetreten, er hat uns eine Zukunft der Hoffnung aufgetan.

Das also ist Ostern: Es ist der Auszug, der Übergang des Menschen von der Knechtschaft der Sünde, des Bösen zur Freiheit der Liebe, des Guten. Denn Gott ist Leben, allein Leben, und sein Ruhm sind wir als lebendige Menschen (vgl. hl. Irenäus, Adversus hæreses, 4,20,5–7).

Liebe Brüder und Schwestern, Christus ist ein für alle Mal und für alle gestorben und auferstanden, aber die Kraft der Auferstehung, dieser Übergang von der Knechtschaft des Bösen zur Freiheit des Guten muss sich in jeder Zeit vollziehen, in den konkreten Räumen unseres Lebens, in unserem täglichen Leben. Wie viele Wüsten muss der Mensch auch heute durchqueren. Vor allem die Wüste in ihm selbst, wenn die Liebe zu Gott und für den Nächsten fehlt, wenn das Bewusstsein fehlt, Hüter all dessen zu sein, was der Schöpfer uns geschenkt hat und schenkt. Aber die Barmherzigkeit Gottes kann auch das trockenste Land erblühen lassen, kann selbst ausgetrocknete Gebeine wieder lebendig machen (vgl. Ez 37,1–14).

Das ist also meine Einladung an alle: Nehmen wir die Gnade der Auferstehung Christi an! Lassen wir uns von der Barmherzigkeit Gottes erneuern, lassen wir zu, dass Jesus uns liebt, dass die Macht seiner Liebe auch unser Leben umwandle; und werden wir zu Werkzeugen dieser Barmherzigkeit, zu Kanälen, durch welche Gott die Erde bewässern, die ganze Schöpfung behüten sowie Gerechtigkeit und Frieden erblühen lassen kann.

Vor dem Segen »Urbi et orbi«, 31. März 2013

Zeichen der barmherzigen Liebe Gottes

Unsere Familien müssen noch deutlichere Zeichen der geduldigen und barmherzigen Liebe Gottes werden, nicht nur für unsere Kinder und unsere Alten, sondern für alle, die in Not sind. Unsere Pfarreien dürfen nicht ihre Türen und ihre Ohren vor dem Schrei der Armen verschließen. Es handelt sich um den Hauptweg der christlichen Jüngerschaft. Dies ist der Weg, wie wir Zeugnis für den Herrn ablegen, der nicht gekommen ist, um sich bedienen zu lassen, sondern um zu dienen. So zeigen wir, dass die Menschen wichtiger sind als die Dinge und dass das, was wir sind, mehr zählt als das, was wir haben. Tatsächlich offenbart Christus jeden Tag gerade in denjenigen, denen wir dienen, sich selbst und bereitet die Aufnahme vor, die wir einst in seinem ewigen Reich zu erhalten hoffen.

Liebe Freunde, durch einfache Gesten, durch einfache und hingebungsvolle Taten, die Christus in den geringsten seiner Brüder und Schwestern ehren, lassen wir die Kraft seiner Liebe in die Welt eindringen und verändern diese wirklich. Nochmals danke ich euch für eure Großherzigkeit und eure Nächstenliebe.

Ansprache im Caritasheim in Nalukolongo
(Uganda), 28. November 2015

Kern des Evangeliums

»Seid barmherzig,
wie es auch euer Vater ist!«

Einen himmlischen Vater zu bekennen, der jeden einzelnen Menschen unendlich liebt, schließt die Entdeckung ein, dass er »ihm dadurch unendliche Würde verleiht«. Bekennen, dass der Sohn Gottes unser menschliches Fleisch angenommen hat, bedeutet, dass jeder Mensch bis zum Herzen Gottes erhöht worden ist. Bekennen, dass Jesus sein Blut für uns vergossen hat, hindert uns, auch nur den kleinsten Zweifel an der grenzenlosen Liebe zu bewahren, die jeden Menschen adelt. Seine Erlösung hat eine soziale Bedeutung, denn »Gott erlöst in Christus nicht nur die Einzelperson, sondern auch die sozialen Beziehungen zwischen den Menschen«. Bekennen, dass der Heilige Geist in allen wirkt, schließt die Erkenntnis ein, dass er in jede menschliche Situation und in alle sozialen Bindungen einzudringen sucht: »Der Heilige Geist verfügt über einen für den göttlichen Geist typischen unendlichen Erfindungsreichtum und findet die Mittel, um die Knoten der menschlichen Angelegenheiten zu lösen, einschließlich der kompliziertesten und undurchdringlichsten.« Die Evangelisierung versucht, auch mit diesem befreienden Wirken des Geistes zusammen zu arbeiten. Das Geheimnis der Trinität selbst erinnert uns daran, dass wir nach dem Bild der göttlichen Gemeinschaft erschaffen sind, weshalb wir uns nicht selber verwirklichen, noch von uns aus retten. Vom Kern des Evangeliums her erkennen wir die enge Verbindung zwischen Evangelisierung und menschlicher Förderung, die sich notwendig in allem missionarischen Handeln ausdrücken und entfalten muss. Die Annahme der Erstverkündigung, die dazu einlädt, sich von Gott lieben zu lassen und ihn mit der Liebe zu lieben, die er selbst uns mitteilt, verursacht im Leben des Menschen und in seinem Tun eine erste und grundlegende Reaktion: dass er das Wohl der anderen wünscht und anstrebt als etwas, das ihm am Herzen liegt.

Diese unlösbare Verbindung zwischen der Aufnahme der heilbringenden Verkündigung und einer wirklichen Bruderliebe kommt in einigen Texten der Schrift zum Ausdruck, und es ist gut, sie zu bedenken und aufmerksam zu verinnerlichen, um alle Konsequenzen daraus zu ziehen. Es handelt sich um eine Botschaft, an die wir uns oft gewöhnen, sie fast mechanisch wiederholen, ohne uns jedoch klar zu machen, dass sie sich in unserem Leben und in unseren Gemeinschaften real auswirken muss. Wie gefährlich und schädlich ist diese Gewöhnung, die uns dazu führt, das Staunen, die Faszination und die Begeisterung zu verlieren, das Evangelium der Brüderlichkeit und der Gerechtigkeit zu leben! Das Wort Gottes lehrt uns, dass sich im Mitmenschen die kontinuierliche Fortführung der Inkarnation für jeden von uns findet: »Was ihr für einen meiner geringsten Brüder getan habt, das habt ihr mir getan.« (Mt 25,40) Was wir für die anderen tun, hat eine transzendente Dimension: »Nach dem Maß, mit dem ihr messt und zuteilt, wird euch zugeteilt werden« (Mt 7,2), und es ist eine Antwort auf die göttliche Barmherzigkeit uns gegenüber: »Seid barmherzig, wie es auch euer Vater ist! Richtet nicht, dann werdet auch ihr nicht gerichtet werden. Verurteilt nicht, dann werdet auch ihr nicht verurteilt werden. Erlasst einander die Schuld, dann wird auch euch die Schuld erlassen werden. Gebt, dann wird auch euch gegeben werden … nach dem Maß, mit dem ihr messt und zuteilt, wird auch euch zugeteilt werden.« (Lk 6,36–38) Was diese Texte ausdrücken, ist die absolute Vorrangigkeit des »Aus-sich-Herausgehens auf den Mitmenschen zu« als eines der beiden Hauptgebote, die jede sittliche Norm begründen, und als deutlichstes Zeichen, anhand dessen man den Weg geistlichen Wachstums als Antwort auf das völlig ungeschuldete Geschenk Gottes überprüfen kann. Aus

diesem Grund »ist auch der Dienst der Liebe ein kon-
stitutives Element der kirchlichen Sendung und unver-
zichtbarer Ausdruck ihres eigenen Wesens«. Wie die
Kirche von Natur aus missionarisch ist, so entspringt
aus dieser Natur zwangsläufig die wirkliche Nächstenliebe, das Mitgefühl, das versteht, beisteht und fördert.

Evangelii Gaudium, 178–179

Die stärkste Botschaft des Herrn

Schön ist das: zuerst – Jesus allein auf dem Berg, im
Gebet. Er betete allein (vgl. Joh 8,1). Dann begab er
sich wieder in den Tempel, und alles Volk kam zu ihm
(vgl. Joh 8,2) – Jesus mitten unter dem Volk. Und dann,
am Ende, ließen sie ihn allein mit der Frau (vgl.
Joh 8,9). Diese Einsamkeit Jesu! Aber eine fruchtbare
Einsamkeit: die des Gebetes, mit dem Vater, und die
so schöne – das ist ja die heutige Botschaft der
Kirche –, die seiner Barmherzigkeit mit dieser Frau.

Dann gibt es da noch Unterschiede im Volk. Es war
das ganze Volk, das zu ihm kam. Er setzte sich und
lehrte sie: das Volk, das die Worte Jesu hören wollte,
das Volk mit dem offenen Herzen, das hungerte nach
dem Wort Gottes. Und dann gab es die, die nichts
hörten, nicht hören konnten; das sind die, die mit

jener Frau ankamen: »Hör mal, Meister, diese hier, das ist so eine gewisse, so eine … Wir müssen doch mit diesen Frauen tun, was Mose uns vorgeschrieben hat.« (vgl. Joh 8,4–5)

Auch wir sind, glaube ich, dieses Volk, das einerseits Jesus hören will; aber andererseits gefällt es uns, auf die anderen einzuschlagen, die anderen zu verurteilen. Und die Botschaft Jesu ist diese: Barmherzigkeit. Für mich – ich sage das in aller Bescheidenheit – ist das die stärkste Botschaft des Herrn: die Barmherzigkeit. Aber er selbst hat es ja gesagt: »Ich bin nicht für die Gerechten gekommen.« Die Gerechten rechtfertigen sich selber. Oh, lieber Gott, wenn du das kannst, ich kann es nicht! Doch sie glauben, es zu können. – »Ich bin für die Sünder gekommen.« (vgl. Mk 2,17)

Denkt an das Gerede nach der Berufung des Matthäus: »Aber dieser da gibt sich mit Sündern ab!« (vgl. Mk 2,16) Er aber ist für uns gekommen, wenn wir zugeben, dass wir Sünder sind. Doch wenn wir sind wie jener Pharisäer vor dem Altar – »Ich danke dir, Herr, dass ich nicht bin wie all die anderen Menschen und auch nicht wie der da an der Tür, wie dieser Zöllner« (vgl. Lk 18,11–12) –, dann kennen wir nicht das Herz des Herrn und werden niemals die Freude haben, diese Barmherzigkeit zu spüren!

Es ist nicht leicht, sich der Barmherzigkeit Gottes anzuvertrauen, denn das ist ein unergründlicher Abgrund. Aber wir müssen es tun! »Oh, Pater, würden Sie mein Leben kennen, dann würden Sie nicht so mit mir reden!« – »Wieso? Was hast du getan?« – »Oh, ich habe Schlimmes getan!« – »Um so besser! Geh zu Jesus: Ihm gefällt es, wenn du ihm diese Dinge erzählst!« Er vergisst, er hat eine ganz besondere Fähigkeit, zu vergessen. Er vergisst, küsst dich, schließt dich in seine Arme und sagt dir nur: »Auch ich verurteile dich nicht. Geh und sündige von jetzt an nicht mehr!« (Joh 8,11) Nur diesen Rat gibt er dir.

Predigt bei der Eucharistiefeier in der Pfarrei Sant'Anna
im Vatikan, 17. März 2013

Evangelium der Barmherzigkeit

In der Verkündigungsbulle des außerordentlichen Jubiläums der Barmherzigkeit habe ich daran erinnert, dass »es […] Augenblicke [gibt], in denen wir aufgerufen sind, in ganz besonderer Weise den Blick auf die Barmherzigkeit zu richten und dabei selbst zum wirkungsvollen Zeichen des Handelns des Vaters zu werden« (Misericordiae vultus, 3). Tatsächlich möchte die Liebe Gottes alle und jeden erreichen und jene, die die Umarmung des Vaters annehmen, in ebensolche Arme verwandeln, die sich öffnen und schließen, auf dass sich jeder wie ein Kind geliebt wisse und sich in der einen Menschheitsfamilie »zu Hause« fühle. Auf diese Weise erreicht die väterliche Sorge Gottes alle, wie beim Hirten und der Herde, doch erweist sie sich besonders einfühlsam gegenüber den Bedürfnissen der verwundeten, ermatteten oder kranken Schafe. So hat Jesus Christus zu uns über den Vater gesprochen, um uns zu verstehen zu geben, dass er sich über den von körperlichem oder moralischem Elend verwundeten Menschen beugt und dass sich die Wirkung der göttlichen Barmherzigkeit umso mehr offenbart, je schlimmer dessen Zustand wird.

In unserer Zeit steigen die Migrationsströme in allen Regionen der Erde stetig an: Vertriebene und Menschen auf der Flucht aus ihren Heimatländern fragen Einzelne und Gesellschaften an, werden dabei zur Herausforderung für die traditionelle Lebensweise und bringen zuweilen den kulturellen und sozialen Horizont, den sie vorfinden, durcheinander. Immer häufiger erleiden die Opfer der Gewalt und der Armut beim Verlassen ihrer Herkunftsregionen das menschenverachtende Treiben der Schleuser auf ihrer Reise dem Traum einer besseren Zukunft entgegen. Sofern sie dann den Missbrauch und die Widerwärtigkeiten überleben, sehen sie sich mit Umgebungen konfrontiert, die von Verdächtigungen und Ängsten geprägt sind.

Schließlich stoßen sie nicht selten auf einen Mangel an klaren und praktikablen Regelungen, welche die Aufnahme steuern und – unter Beachtung der Rechte und Pflichten aller Beteiligten – kurz- wie langfristige Integrationsmöglichkeiten vorsehen sollen. Mehr denn je rüttelt das Evangelium der Barmherzigkeit heute die Gewissen der Menschen wach, es verhindert, dass man sich an das Leid des anderen gewöhnt, und zeigt Antwortmöglichkeiten auf, die in den theologalen Tugenden des Glaubens, der Hoffnung und der Liebe wurzeln und sich in den Werken der geistigen und leiblichen Barmherzigkeit ausdrücken.

Auf der Grundlage dieser Feststellung war es mein Wunsch, dass der Welttag des Migranten und Flüchtlings 2016 dem Thema »Migranten und Flüchtlinge sind eine Herausforderung. Antwort gibt das Evangelium der Barmherzigkeit« gewidmet wird.

Die Migranten sind unsere Brüder und Schwestern, die ein besseres Leben suchen fern von Armut, Hunger, Ausbeutung und ungerechter Verteilung der Ressourcen der Erde, die allen in gleichem Maße zukommen müssten. Ist es etwa nicht der Wunsch jedes Menschen, die eigene Lebenssituation zu verbessern und einen redlichen und legitimen Wohlstand zu erlangen, um ihn mit seinen Lieben zu teilen?

Die biblische Offenbarung ermutigt zur Aufnahme des Fremden und begründet dies mit der Gewissheit, dass sich auf diese Weise die Türen zu Gott öffnen und auf dem Antlitz des anderen die Züge Jesu Christi erkennbar werden. Zahlreiche Institutionen, Vereine, Bewegungen, engagierte Gruppen, diözesane, nationale und internationale Einrichtungen erfahren das Staunen und die Freude des Festes der Begegnung, des Austausches und der Solidarität. Sie haben die Stimme Jesu Christi erkannt: »Ich stehe vor der Tür und klopfe an.« (Off 3,20) Und doch hören die Debatten bezüglich der Bedingungen und Grenzen der Aufnahme nicht nur auf der Ebene der Politik der Staaten, sondern auch in manchen Pfarrgemeinden, die die gewohnte Ruhe gefährdet sehen, nicht auf.

Wie kann die Kirche angesichts solcher Fragen anders handeln, als sich vom Beispiel und von den Worten Jesu Christi inspirieren zu lassen? Die Antwort des Evangeliums ist die Barmherzigkeit.

Diese ist zuallererst das im Sohn offenbarte Geschenk Gottes des Vaters: In der Tat ruft die von Gott empfangene Barmherzigkeit Gefühle einer freudigen Dankbarkeit hervor aufgrund der Hoffnung, die uns das Geheimnis der Erlösung im Blute Christi eröffnet hat. Sodann nährt und stärkt sie die Solidarität gegenüber dem Nächsten als Erfordernis einer Antwort auf die unentgeltliche Liebe Gottes, die »ausgegossen [ist] in unsere Herzen durch den Heiligen Geist« (Röm 5,5). Tatsächlich ist ein jeder von uns verantwortlich für seinen Nachbarn: Wir sind Hüter unserer Brüder und Schwestern, wo immer sie leben. Die Pflege guter persönlicher Kontakte und die Fähigkeit, Vorurteile und Ängste zu überwinden, sind wesentliche Zutaten, um eine Kultur der Begegnung zu betreiben, in der man nicht nur bereit ist zu geben, sondern auch von den anderen zu empfangen. Die Gastfreundschaft lebt ja vom Geben und vom Empfangen.

An der Wurzel des Evangeliums der Barmherzigkeit überschneiden sich die Begegnung und Aufnahme des anderen mit der Begegnung und Aufnahme Gottes: Den anderen aufnehmen bedeutet Gott selbst aufnehmen! Lasst euch nicht die Hoffnung und die Lebensfreude rauben, die aus der Erfahrung der göttlichen Barmherzigkeit hervorquellen, die sich in den Menschen offenbart, denen ihr auf euren Wegen begegnet.

Botschaft zum Welttag des Migranten und Flüchtlings 2016

Mit Augen der Barmherzigkeit

Wir feiern das Fest des Apostels und Evangelisten Matthäus. Wir feiern die Geschichte einer Bekehrung. Er selbst erzählt uns in seinem Evangelium, wie die Begegnung verlief, die sein Leben prägte; er führt uns in ein »Spiel der Blicke« ein, das imstande ist, die Geschichte zu verändern.

An einem Tag wie jeder andere, als er am Zoll saß, kam Jesus vorbei und sah ihn, näherte sich und sagte zu ihm: »Folge mir nach!« Und er stand auf und folgte ihm (vgl. Mt 9,9).

Jesus schaute ihn an. Welche Kraft der Liebe lag in dem Blick Jesu, um Matthäus in dieser Weise zu bewegen! Welche Kraft müssen diese Augen gehabt haben, um ihn aufstehen zu lassen! Wir wissen, dass Matthäus ein Zöllner war, das heißt, er zog die Steuern der Juden ein, um sie den Römern zu geben. Die Zöllner waren verpönt, sogar als Sünder angesehen. Darum lebten sie von den anderen abgesondert und waren verachtet. Mit ihnen durfte man weder gemeinsam essen, noch sprechen, noch beten. In den Augen des Volkes waren sie Verräter: Sie nahmen ihr Volk aus, um den Ertrag anderen zu geben. Die Zöllner gehörten zu dieser gesellschaftlichen Kategorie.

Und Jesus blieb stehen; er machte nicht eilig einen großen Bogen um ihn. Er blickte ihn ruhig an, er blickte ihn friedvoll an. Er schaute ihn an mit Augen der Barmherzigkeit; er schaute ihn an, wie ihn vorher nie jemand angeschaut hatte. Und dieser Blick öffnete sein Herz, machte ihn frei, heilte ihn und gab ihm eine Hoffnung, ein neues Leben – wie dem Zachäus, dem Bartimäus, der Maria Magdalena, dem Petrus und auch jedem von uns. Auch wenn wir nicht wagen, die

Augen zum Herrn zu erheben, schaut er uns immer als Erster an. Es ist unsere persönliche Geschichte; wie viele andere kann jeder von uns sagen: »Ich bin ein Sünder, auf den Jesus geschaut hat.« Ich lade euch ein, heute bei euch zu Hause oder in der Kirche, wenn ihr ungestört und alleine seid, einen Moment im Schweigen zu verharren, um euch dankbar und freudig an jene Begebenheit, an jenen Moment zu erinnern, in dem der barmherzige Blick Gottes auf unser Leben fiel.

Seine Liebe kommt uns zuvor, sein Blick eilt unserem Bedürfnis voraus. Er versteht zu sehen, was hinter der äußeren Erscheinung liegt, sein Blick reicht über die Sünde, über das Scheitern oder die Unwürdigkeit hinaus. Er versteht zu sehen, was jenseits der Gesellschaftsschicht liegt, zu der wir gehören mögen. Er sieht diese Würde der Gotteskindschaft, die wir alle besitzen, die manchmal durch die Sünde verschmutzt, auf dem Grund unserer Seele aber immer vorhanden ist. Unsere Würde der Gotteskindschaft. Er ist ja gerade dafür gekommen, alle zu suchen, die sich gegenüber Gott und den anderen unwürdig fühlen. Lassen wir uns von Jesus anschauen, lassen wir zu, dass sein Blick unsere Wege durchstreift, lassen wir zu, dass sein Blick uns die Fröhlichkeit, die Hoffnung, die Lebensfreude zurückgibt!

Nachdem er ihn voller Barmherzigkeit angeschaut hatte, sagte der Herr zu Matthäus: »Folge mir nach!« Und Matthäus stand auf und folgte ihm. Nach dem Blick das Wort. Nach der Liebe der Auftrag. Matthäus ist nicht mehr derselbe; er ist innerlich verändert. Die Begegnung mit Jesus, mit seiner barmherzigen Liebe, verwandelte ihn. Und er ließ dort die Zollstation, das Geld und seine Ausschließung zurück. Vorher hatte er sitzend gewartet, um Steuern einzuziehen, um die anderen auszunehmen, mit Jesus muss er jetzt aufstehen, um zu geben, herzugeben, sich für die anderen hinzugeben. Jesus blickte ihn an und Matthäus fand die Freude im Dienen. Für Matthäus und für jeden, der den Blick Jesu gespürt hat, sind die Mitmenschen nicht die, von denen man »lebt«, die man gebraucht, missbraucht. Der Blick Jesu erzeugt ein missionarisches Handeln des Dienens und des Gebens. Seine Mitbürger sind jene, denen er dient. Seine Liebe heilt unsere Kurzsichtigkeiten und regt uns an, unseren Blick zu weiten und nicht bei der äußeren Erscheinung oder dem politisch Korrekten stehen zu bleiben.

Predigt auf der Plaza de la Revolución in Holguín (Kuba),
21. September 2015

Barmherzige Samariter

Sendung der Kirche

Die Kirche ist berufen, ihre Sendung zu leben in der Wahrheit, die sich nicht mit den flüchtigen Moden oder den herrschenden Meinungen ändert. In der Wahrheit, die den Menschen und die Menschheit vor der Versuchung der Selbstbezogenheit schützt und davor, die fruchtbare Liebe in sterilen Egoismus und die treue Verbundenheit in zeitweilige Bindungen zu verwandeln. »Ohne Wahrheit gleitet die Liebe in Sentimentalität ab. Sie wird ein leeres Gehäuse, das man nach Belieben füllen kann. Das ist die verhängnisvolle Gefahr für die Liebe in einer Kultur ohne Wahrheit« (Benedikt XVI., Enzyklika Caritas in veritate, 3).

Und die Kirche ist berufen, ihre Sendung zu leben in der Liebe, die nicht mit dem Finger auf die anderen zeigt, um sie zu verurteilen, sondern – in Treue zu ihrem Wesen als Mutter – sich verpflichtet fühlt, die verletzten Paare zu suchen und mit dem Öl der Aufnahme und der Barmherzigkeit zu pflegen; ein »Feldlazarett« zu sein mit offenen Türen, um jeden aufzunehmen, der anklopft und um Hilfe und Unterstützung bittet. Mehr noch: aus der eigenen Einzäunung herauszutreten und auf die anderen zuzugehen mit wahrer Liebe, um mit der verletzten Menschheit mitzugehen, um sie mit einzuschließen und sie zur Quelle des Heils zu führen.

Eine Kirche, die die Grundwerte lehrt und verteidigt, ohne zu vergessen, dass »der Sabbat ... für den Menschen da [ist], nicht der Mensch für den Sabbat« (Mk 2,27), und dass Jesus auch gesagt hat: »Nicht die Gesunden brauchen den Arzt, sondern die Kranken. Ich bin gekommen, um die Sünder zu rufen, nicht die Gerechten.« (Mk 2,17) Eine Kirche, die zur authentischen Liebe erzieht, die fähig ist, aus der Einsamkeit zu befreien, ohne ihre Sendung als barmherziger Samariter für die verletzte Menschheit zu vergessen.

Ich erinnere mich an den heiligen Johannes Paul II., als er sagte: »Der Fehler und das Böse müssen immer verurteilt und bekämpft werden, aber der Mensch, der fällt oder einen Fehler macht, muss verstanden und geliebt werden [...] Wir müssen unsere Zeit lieben und dem Menschen unserer Zeit helfen« (Ansprache an die italienische Katholische Aktion, 30. Dezember 1978: Insegnamenti I [1978], 450). Und die Kirche muss ihn suchen, ihn aufnehmen, ihn begleiten, denn eine Kirche mit verschlossenen Türen verrät sich selbst und ihre Sendung, und anstatt eine Brücke zu sein, wird sie eine Barriere: »Denn er, der heiligt, und sie, die geheiligt werden, stammen alle von Einem ab; darum scheut er sich nicht, sie Brüder zu nennen.« (Hebr 2,11)

Eucharistiefeier zur Eröffnung der XI. Ordentlichen Generalversammlung der Bischofssynode, 4. Oktober 2015

Wer barmherzig sein will, braucht ein starkes Herz

Auch wir als Einzelne sind der Versuchung der Gleichgültigkeit ausgesetzt. Wir sind von den erschütternden Berichten und Bildern, die uns das menschliche Leid erzählen, gesättigt und verspüren zugleich unser ganzes Unvermögen einzugreifen. Was können wir tun, um uns nicht in diese Spirale des Schreckens und der Machtlosigkeit hineinziehen zu lassen?

Erstens können wir in der Gemeinschaft der irdischen und der himmlischen Kirche beten. Unterschätzen wir nicht die Kraft des Gebetes von so vielen! Die Initiative 24 Stunden für den Herrn, von der ich hoffe, dass sie am 13. und 14. März in der ganzen Kirche, auch auf Diözesanebene, gefeiert wird, möchte ein Ausdruck dieser Notwendigkeit des Betens sein. Zweitens können wir mit Gesten der Nächstenliebe helfen und dank der zahlreichen Hilfswerke der Kirche sowohl die Nahen als auch die Fernen erreichen. Die österliche Bußzeit ist eine geeignete Zeit, um dieses Interesse dem anderen gegenüber mit einem vielleicht auch nur kleinen, aber konkreten Zeichen unserer Teilnahme am gemeinsamen Menschsein zu zeigen. Drittens schließlich ist das Leid des anderen ein Aufruf zur Bekehrung, weil das Bedürfnis des Bruders mich an die Zerbrechlichkeit meines eigenen Lebens, an meine Abhängigkeit von Gott und von den Mitmenschen erinnert. Wenn wir demütig die Gnade Gottes erbitten und die Grenzen unserer Möglichkeiten annehmen, dann werden wir auf die unendlichen Möglichkeiten vertrauen, die die Liebe Gottes in sich birgt. Und wir werden der teuflischen Versuchung widerstehen, die uns glauben macht, wir könnten uns selbst und die Welt ganz alleine retten.

Um die Gleichgültigkeit und unseren Allmachtswahn zu überwinden, möchte ich alle darum bitten, diese österliche Bußzeit als einen Weg der »Herzensbildung« zu gehen, wie Benedikt XVI. sich ausdrückte (Enzyklika Deus caritas est, 31). Ein barmherziges Herz zu haben, bedeutet nicht ein kraftloses Herz zu haben. Wer barmherzig sein will, braucht ein starkes, ein festes Herz, das für den Versucher verschlossen, für Gott aber offen ist. Ein Herz, das sich vom Heiligen Geist durchdringen und auf die Wege der Liebe führen lässt, die zu den Brüdern und Schwestern führen. Im Grunde ein armes Herz, das um die eigene

Armut weiß und sich für den anderen hingibt. Deswegen, liebe Brüder und Schwestern, möchte ich mit euch in dieser österlichen Bußzeit Christus bitten: »Fac cor nostrum secundum cor tuum – Bilde unser Herz nach deinem Herzen« (Gebetsruf aus der Herz-Jesu-Litanei). Dann werden wir ein starkes und barmherziges, waches und großmütiges Herz haben, das sich nicht in sich selbst verschließt und nicht in den Schwindel der Globalisierung der Gleichgültigkeit verfällt.

Botschaft zur Fastenzeit 2015

Nächster sein

Was bedeutet es für uns Jünger des Herrn, einem Menschen im Sinne des Evangeliums zu begegnen? Wie ist es trotz aller unserer Grenzen und Sünden möglich, dass wir wirklich einander nahe sind? Diese Fragen lassen sich zusammenfassen in jener, die eines Tages ein Schriftgelehrter, also ein Kommunikator, an Jesus richtete: »Und wer ist mein Nächster?« (vgl. Lk 10,29) Diese Frage hilft uns, Kommunikation im Sinne von »Nächster sein« zu verstehen. Wir könnten das so übersetzen: Wie zeigt sich »Nächster sein« im Gebrauch der Kommunikationsmittel und in der neuen Umwelt, die von den digitalen Technologien geschaffen wird? Ich finde eine Antwort im Gleichnis vom barmherzigen Samariter, das auch ein Gleichnis für den Kommunikator ist. Wer nämlich kommuniziert, eine Verbindung aufnimmt, macht sich zum Nächsten. Und der barmherzige Samariter macht sich nicht nur zum Nächsten, sondern er sorgt sich um jenen Menschen, den er halb tot am Straßenrand sieht. Jesus kehrt die Perspektive um: Es geht nicht darum, den anderen als meinesgleichen anzuerkennen, sondern um meine Fähigkeit, mich dem anderen gleich zu machen. Kommunizieren bedeutet also, sich bewusst machen, dass wir Mitmenschen sind, Kinder Gottes. Ich definiere diese Macht der Kommunikation gerne als »Nächster sein«.

Ich wiederhole es oft: Bei der Alternative zwischen einer Kirche, die auf die Straße geht und dabei Probleme bekommt, und einer Kirche, die an Selbstbezogenheit krank ist, habe ich keine Zweifel, der ersten den Vorzug zu geben. Und die Straßen sind die der Welt, wo die Menschen leben, wo man sie erreichen kann – effektiv und affektiv. Unter diesen Straßen sind auch die digitalen, überfüllt von Menschen, die oft verwundet sind: Männer und Frauen, die eine Rettung oder eine Hoffnung suchen. Auch dank des Netzes kann die christliche Botschaft »bis an die Grenzen der Erde« (Apg 1,8) gelangen. Die Türen der Kirchen öffnen bedeutet auch, sie der digitalen Umwelt zu öffnen; einerseits, damit die Menschen eintreten, in welchen Lebensumständen sie sich auch befinden, andererseits, damit das Evangelium die Schwelle des Gotteshauses überschreiten und hinausgelangen kann, zu allen Menschen. Wir sind aufgerufen, Zeugnis abzulegen von einer Kirche, die das Haus aller Menschen sein soll. Sind wir fähig, das Antlitz einer derartigen Kirche zu vermitteln? Die Kommunikation trägt dazu bei, der missionarischen Berufung der ganzen Kirche Gestalt zu geben, und die social media sind heute einer der Orte, an denen diese Berufung gelebt werden muss, die Schönheit des Glaubens, die Schönheit der Begegnung mit Christus wiederzuentdecken. Auch im Kontext der Kommunikation bedarf es einer Kirche, der es gelingt, Wärme zu vermitteln, die Herzen zu entzünden.

Das Bild des barmherzigen Samariters, der die Wunden des misshandelten Mannes verbindet und Öl und Wein auf sie gießt, sei uns ein Leitbild. Unsere Kommunikation sei duftendes Öl für den Schmerz und guter Wein für die Freude. Unser Leuchten soll nicht von Tricks und Spezialeffekten ausgehen, sondern davon, dass wir mit Liebe und Zärtlichkeit dem zum Nächsten werden, den wir verwundet auf unserem Weg treffen. Habt keine Angst, Bürger der digitalen Umwelt zu werden. Die Aufmerksamkeit und Gegenwart der Kirche in der Welt der Kommunikation ist wichtig, um mit dem Menschen von heute im Gespräch zu sein und ihn zur Begegnung mit Christus zu führen: Eine Kirche, die den Weg begleitet, weiß sich mit allen auf den Weg zu machen. In diesem Zusammenhang ist die Revolution der Kommunikationsmittel und der Information eine große und begeisternde Herausforderung, die frische Energien und eine neue Vorstellungskraft verlangt, um den Menschen die Schönheit Gottes zu vermitteln.

Botschaft zum 48. Welttag der sozialen Kommunikationsmittel,
1. Juni 2014

Überbringer der Botschaft der Barmherzigkeit

Was also ist diese Armut, durch die Jesus uns befreit und uns reich macht? Es ist gerade die Art, wie er uns liebt, die Tatsache, dass er für uns zum Nächsten wird wie der barmherzige Samariter, der zu dem Mann hingeht, der halb tot am Straßenrand zurückgelassen wurde (vgl. Lk 10,25ff). Was uns wahre Freiheit, wahres Heil und wahres Glück schenkt, ist seine barmherzige, zärtliche und teilnahmsvolle Liebe. Die Armut Christi, die uns reich macht, ist seine Menschwerdung, dass er unsere Schwächen, unsere Sünden auf sich nimmt und uns so an der unendlichen Barmherzigkeit Gottes teilhaben lässt. Die Armut Christi ist der größte Reichtum: Jesus ist reich durch sein grenzenloses Vertrauen auf Gott den Vater, dadurch, dass er sich in jedem Moment ihm anvertraut und dabei stets und ausschließlich seinen Willen und seine Ehre im Sinn hat. Er ist reich, wie es ein Kind ist, das sich geliebt fühlt und seine Eltern liebt und keinen Augenblick an ihrer Liebe und Zuwendung zweifelt. Der Reichtum Jesu ist seine Sohnschaft, seine einzigartige Beziehung zum Vater stellt das unumschränkte Vorrecht dieses armen Messias dar. Wenn Jesus uns dazu aufruft, sein »leichtes Joch« auf uns zu nehmen, dann fordert er uns damit auf, uns mit dieser seiner »reichen Armut« und seinem »armen Reichtum« zu bereichern, seinen Geist der Sohnschaft und der Brüderlichkeit mit ihm zu teilen, Söhne und Töchter im Sohn, Brüder und Schwestern im erstgeborenen Bruder zu werden (vgl. Röm 8,29).

Der Christ ist aufgerufen, überallhin die befreiende Botschaft zu bringen, dass es die Vergebung des verübten Unrechts gibt, dass Gott größer als unsere Sünde ist und uns bedingungslos liebt, immer, und dass wir für die Gemeinschaft und für das ewige Leben bestimmt sind. Der Herr fordert uns auf, frohe Überbringer dieser Botschaft der Barmherzigkeit und der Hoffnung zu sein! Es ist schön, die Freude an der Verbreitung dieser guten Nachricht zu erfahren, den uns anvertrauten Schatz mit anderen zu teilen, um gebrochene Herzen zu trösten und vielen Brüdern und Schwestern, die von Finsternis umgeben sind, Hoffnung zu schenken. Es geht darum, Jesus zu folgen und es ihm gleichzutun, ihm, der den Armen und Sündern entgegengegangen ist wie der Hirte dem verlorenen Schaf, und dies voller Liebe getan hat. Mit ihm vereint können wir mutig neue Wege der Evangelisierung und der Förderung des Menschen eröffnen.

Liebe Brüder und Schwestern, möge die gesamte Kirche während dieser Fastenzeit bereitwillig und eifrig jenen, die von materieller, moralischer und spiritueller Not betroffen sind, Zeugnis geben von der Botschaft des Evangeliums, das zusammengefasst ist in der Botschaft von der Liebe des barmherzigen Vaters, der bereit ist, in Christus jeden Menschen zu umarmen. Dies wird uns in dem Maße gelingen, in dem wir uns nach Christus richten, der arm wurde und uns durch seine Armut reich gemacht hat. Die Fastenzeit eignet sich ganz besonders zur Entäußerung. Und es wird uns gut tun, uns zu fragen, worauf wir verzichten können, um durch unsere Armut anderen zu helfen und sie zu bereichern. Vergessen wir nicht, dass wahre Armut schmerzt: Ein Verzicht, der diesen Aspekt der Buße nicht einschließt, wäre bedeutungslos. Ich misstraue dem Almosen, das nichts kostet und nicht schmerzt.

Der Heilige Geist, durch den wir wie »Arme [sind], aber doch viele reich machen; nichts haben und doch alles haben« (2 Kor 6,10), möge diese unsere Vorsätze unterstützen und in uns die Aufmerksamkeit und die Verantwortung gegenüber der menschlichen Not stärken, damit wir barmherzig werden und Barmherzigkeit üben. Diesem Wunsch schließt sich mein Gebet an, dass jeder Gläubige und jede kirchliche Gemeinschaft den Weg der Fastenzeit fruchtbringend zurücklegen möge. Und ich bitte euch, für mich zu beten. Der Herr segne euch und die selige Jungfrau Maria behüte euch.

Botschaft zur Fastenzeit 2014

Ja der Barmherzigkeit

Dieses Außerordentliche Heilige Jahr ist selbst ein Geschenk der Gnade. Durch diese Pforte einzutreten bedeutet, die Tiefe der Barmherzigkeit des Vaters zu entdecken, der alle aufnimmt und jedem persönlich entgegengeht. Er ist es, der uns sucht; er ist es, der uns entgegenkommt! Es wird ein Jahr sein, in dem man sich immer mehr von der Barmherzigkeit überzeugen kann. Wie viel Unrecht wird Gott und seiner Gnade getan, wenn man vor allem behauptet, dass die Sünden durch sein Gericht bestraft werden, anstatt allem voranzustellen, dass sie von seiner Barmherzigkeit vergeben werden (vgl. Augustinus, De praedestinatione sanctorum 12,24)! Ja, genauso ist es. Wir müssen die Barmherzigkeit dem Gericht voranstellen, und in jedem Fall wird das Gericht Gottes immer im Licht seiner Barmherzigkeit stehen. Möge das Durchschreiten der Heiligen Pforte uns also das Gefühl vermitteln, Anteil zu haben an diesem Geheimnis der Liebe, der zärtlichen Zuwendung. Lassen wir jede Form von Angst und Furcht hinter uns, denn das passt nicht zu dem, der geliebt wird; erleben wir vielmehr die Freude über die Begegnung mit der alles verwandelnden Gnade!

Wenn wir heute durch die Heilige Pforte gehen – hier in Rom und in allen Diözesen der Welt –, wollen wir auch an eine andere Pforte denken: an die Tür, welche die Väter des Zweiten Vatikanischen Konzils vor fünfzig Jahren zur Welt hin aufgestoßen haben. Dieses Jahresgedenken darf aber nicht nur wegen des Reichtums der erstellten Dokumente erwähnt werden, die bis in unsere Tage erlauben, den großen Fortschritt festzustellen, der im Glauben gemacht wurde. An erster Stelle war das Konzil eine Begegnung. Eine wirkliche Begegnung zwischen der Kirche und den Menschen unserer Zeit. Eine von der Kraft des Geistes gekennzeichnete Begegnung, der seine Kirche drängte, aus der Dürre, die sie viele Jahre lang in sich selbst verschlossen gehalten hatte, herauszukommen, um mit

Begeisterung den missionarischen Weg wieder aufzunehmen. Es war ein neuer Aufbruch, um auf jeden
Menschen dort zuzugehen, wo er lebt: in seiner Stadt,
in seinem Haus, am Arbeitsplatz … wo auch immer er
sich befindet, da muss die Kirche ihn erreichen, um
ihm die Freude des Evangeliums zu verkünden und
ihm das Erbarmen und die Vergebung Gottes zu bringen. Ein missionarischer Impuls, also, den wir nach
diesen Jahrzehnten mit derselben Kraft und derselben
Begeisterung wieder aufnehmen. Das Jubiläum fordert
uns zu dieser Öffnung heraus und verpflichtet uns –
entsprechend der Mahnung des seligen Pauls VI.
beim Konzilsabschluss –, die aus dem Vaticanum II
hervorgegangene Mentalität des barmherzigen Samariters nicht zu vernachlässigen. Möge also das Durchschreiten der Heiligen Pforte heute für uns mit dem
Anspruch verbunden sein, uns die Haltung des barmherzigen Samariters zu Eigen zu machen.

Predigt zum Hochfest der ohne Erbsünde empfangenen Jungfrau
und Gottesmutter Maria, 8. Dezember 2015

ZÄRTLICHKEIT GOTTES

»Haus der Barmherzigkeit«

»Der Geringste« – das ist ein Ausdruck Jesu. Und er steht in dem Protokoll, nach dem wir gerichtet werden: »Was ihr für einen meiner geringsten Brüder getan habt, das habt ihr mir getan.« (Mt 25,40) Es gibt pastorale Dienste, die – menschlich gesehen – befriedigender sein können, ohne schlecht oder weltlich zu sein. Wenn aber einer versucht, innerlich den Vorzug dem Kleinsten zu geben, dem, der am meisten verlassen oder krank ist, dem, der von niemandem beachtet wird, den niemand will, eben dem Geringsten, und ihm dient, dann dient er Jesus auf unüberbietbare Weise. Du [der Papst wendet sich hier an eine Ordensschwester, Anm. d. Lektors] wurdest gesendet, wohin du nicht wolltest. Und du hast geweint. Du hast geweint, weil es dir nicht gefiel, was nicht heißen will, dass du eine weinerliche Schwester bist, nein. Gott befreie uns von weinerlichen Schwestern! Die sich immerzu beklagen ... Das ist nicht von mir; das hat die heilige Theresa gesagt, zu ihren Schwestern. Das stammt von ihr. Weh der Schwester, die den ganzen Tag herumläuft und sich beklagt: »Man hat mir Unrecht getan.« In der kastilischen Sprache jener Zeit sagte man: »Weh der Schwester, die ständig sagt: Man hat mich ›sin razón – ohne Grund‹ behandelt.« Du weintest, weil du jung warst, andere Erwartungen hattest, weil du vielleicht dachtest, in einer Schule könntest du mehr tun, eine Zukunft für die Jugend vorbereiten … Und sie haben dich dorthin geschickt, ins »Haus der Barmherzigkeit«, wo die Zärtlichkeit und die Barmherzigkeit des himmlischen Vaters deutlicher wird, wo die Zärtlichkeit und die Barmherzigkeit des himmlischen Vaters zu Liebkosung wird.

Wie viele Ordensfrauen und -männer »verbrennen« – und ich wiederhole das Verb: »verbrennen« – ihr Leben, indem sie Wegwerf-»Material« liebkosen, indem sie die liebkosen, die die Welt aussortiert, die die Welt verachtet, von denen die Welt lieber hätte, wenn es sie nicht gäbe; indem sie den liebkosen, bei dem mit den neuen Analysemethoden die Möglichkeit einer degenerativen Erkrankung vorauszusehen war, worauf die Welt von heute nahelegte, ihn »zurückzuschicken«, bevor er geboren würde. Er ist der Geringste. Und ein junges Mädchen voller Erwartungen beginnt sein Ordensleben, indem es die Zärtlichkeit Gottes in seiner Barmherzigkeit gegenwärtig werden lässt. Manchmal wird es nicht verstanden, sie wissen es nicht – doch wie schön ist es für Gott, und wie gut kann einem zum Beispiel das Lächeln eines Spastikers tun, der nicht weiß, wie er es anstellen soll, oder wenn sie dich küssen wollen und dein Gesicht mit ihrem Speichel beschmieren. Es ist die Zärtlichkeit Gottes, die Barmherzigkeit Gottes. Oder wenn sie zornig sind und dir einen Hieb versetzen …Und mein Leben so zu verbrennen, mit etwas, das in den Augen der Welt Wegwerf-»Material« ist, das spricht nicht nur von einer Person; das spricht uns von Jesus, der sich aus reiner Barmherzigkeit des Vaters zunichte machte, sich »entäußerte«, wie der Text im zweiten Kapitel des Philipperbriefes sagt. Er machte sich zunichte. Und diese Menschen, denen du dein Leben widmest, ahmen Jesus nach, nicht weil sie das wollen, sondern weil die Welt sie dazu gebracht hat. Sie sind nichts, und man versteckt sie, man zeigt sie nicht oder man besucht sie nicht. Und wenn es möglich und noch rechtzeitig ist, schickt man sie »zurück« …

Danke für das, was du tust, und euch allen: Danke all diesen Frauen und den vielen gottgeweihten Frauen, die im Dienst des »Nutzlosen« stehen, denn mit diesen unseren Brüdern und Schwestern, den Kleinen, den Geringsten kann man kein Geschäft machen, kein Geld verdienen, absolut nichts »Konstruktives« voranbringen. Dort leuchtet Jesus auf. Und dort leuchtet meine Entscheidung für Jesus auf. Dank dir und allen gottgeweihten Männern und Frauen, die das tun!

»Pater, ich bin keine Schwester, ich pflege keine Kranken, ich bin Pfarrer und habe eine Pfarrei oder ich helfe einem Pfarrer. Wer ist mein geliebter Jesus? Wer ist der Geringste? Wer ist es, der mir die Barmherzigkeit Gottes am meisten zeigt? Wo kann ich ihn finden?« Natürlich gehe ich wieder das Protokoll von Matthäus 25 durch. Da findest du alle: den Hungrigen, den Gefangenen, den Kranken ... Dort wirst du ihnen begegnen. Doch für den Priester gibt es einen bevorzugten Ort, wo dieser Letzte, dieser Geringste, dieser Kleinste erscheint, und das ist der Beichtstuhl. Und dort, wenn dieser Mann oder diese Frau dir das eigene Elend offenbart – Achtung, es ist das gleiche Elend, das du hast und aus dem Gott dich gerettet hat, um dich nicht so weit kommen zu lassen – wenn dir also dieser Mensch sein Elend offenbart, dann, bitte, schimpfe ihn nicht aus, sperre ihn nicht ein, bestrafe ihn nicht. Wenn du keine Sünde hast, wirf den ersten Stein, aber nur unter dieser Bedingung. Andernfalls denke an deine eigenen Sünden. Und denke, dass du dieser Mensch sein könntest. Und denke, dass du potenziell noch tiefer fallen könntest. Und denke daran, dass du in diesem Moment einen Schatz in den Händen hältst, nämlich die Barmherzigkeit Gottes. Bitte – das sage ich den Priestern –, werdet nicht müde zu verzeihen! Seid Verzeihende! Werdet nicht müde zu verzeihen, wie Jesus es tat. Versteckt euch nicht hinter Ängsten oder hinter Strenge. Wie diese Schwester und alle, die die gleiche Arbeit tun wie sie, nicht zornig werden, wenn sie den Kranken schmutzig oder in üblem Zustand vorfinden, sondern ihm dienen, ihn säubern, ihn pflegen, so sollt auch ihr, wenn der Beichtende kommt, nicht übel gesinnt, nicht neurotisch sein, ihn nicht aus dem Beichtstuhl vertreiben und ihn nicht ausschimpfen. Jesus umarmte sie. Jesus liebte sie. Morgen feiern wir den heiligen Matthäus. Wie der gestohlen hat! Und außerdem: Wie er sein Volk betrogen hat! Und das Evangelium sagt, dass Jesus am Abend bei ihm zu Gast war, um mit ihm und seinesgleichen zu essen. Der heilige Ambrosius sagt etwas, das mich sehr bewegt: »Wo Barmherzigkeit ist, da ist der Geist Jesu. Wo Strenge herrscht, da sind nur seine Diener.«

Bruder Priester, Bruder Bischof, hab' keine Angst vor der Barmherzigkeit! Lass sie durch deine Hände, durch deine verziehende Umarmung fließen, denn der Mensch, den du vor dir hast, ist der Geringste. Und deshalb ist es Jesus.

Das ist es, was mir zu sagen in den Sinn gekommen ist, nachdem ich diese beiden Propheten gehört habe. Möge der Herr uns diese Gnade gewähren, die sie in unsere Herzen gesät haben: Armut und Barmherzigkeit. Denn dort ist Jesus.

Predigt bei der Feier der Vesper mit Priestern,
Ordensleuten und Seminaristen in Havanna, 20. September 2015

Zärtlichkeit der Barmherzigkeit

Eine alte Überlieferung der Kirche von Rom erzählt, dass der Apostel Petrus, als er die Stadt verließ, um der Verfolgung Neros zu entkommen, Jesus sah, der in entgegen gesetzter Richtung ging, und verwundert fragte er ihn: »Herr, wohin gehst du?« Die Antwort Jesu war: »Ich gehe nach Rom, um noch einmal gekreuzigt zu werden.« In jenem Augenblick begriff Petrus, dass er mutig dem Herrn bis zum Ende folgen musste, aber er begriff vor allem, dass er niemals allein war auf dem Weg; bei ihm war immer jener Jesus, der ihn bis in sein Sterben am Kreuz hinein geliebt hatte. Seht, Jesus durchwandert mit seinem Kreuz unsere Straßen und nimmt unsere Ängste, unsere Probleme, unsere Leiden – auch die tiefsten – auf sich. Im Kreuz Christi ist das Leiden, die Sünde des Menschen – auch die unsere –, und er nimmt alles mit offenen Armen auf, lädt unsere Kreuze auf seine Schultern und sagt zu uns: Nur Mut! Du bist nicht allein, sie zu tragen! Ich trage sie mit dir, und ich habe den Tod überwunden und bin gekommen, um dir Hoffnung zu schenken, um dir Leben zu geben (vgl. Joh 3,16).

Nun können wir auf die zweite Frage antworten: Was hat das Kreuz in denen hinterlassen, die es gesehen haben, und in denen, die es berührt haben? Was hinterlässt das Kreuz in jedem von uns? Seht: Es hinterlässt ein Gut, das niemand uns geben kann: die Gewissheit der treuen Liebe Gottes zu uns. Eine so große Liebe, dass sie in unsere Sünde eindringt und sie verzeiht, in unser Leiden eindringt und uns die Kraft schenkt, es zu tragen, sogar in den Tod eindringt, um ihn zu überwinden und uns zu retten. Im Kreuz Christi ist die ganze Liebe Gottes, ist seine unermessliche Barmherzigkeit. Und das ist eine Liebe, der wir vertrauen können, an die wir glauben können.

Doch das Kreuz Christi lädt auch ein, uns von dieser Liebe anstecken zu lassen; es lehrt uns also, den anderen immer mit Barmherzigkeit und Liebe zu betrachten – vor allem den, der leidet, der Hilfe braucht, der auf ein Wort, eine Geste wartet; das Kreuz lädt uns ein, aus uns selbst herauszugehen, um ihnen entgegenzukommen und ihnen die Hand zu reichen. Viele Gesichter haben wir auf dem Kreuzweg gesehen, viele Gesichter haben Jesus auf dem Weg zum Kalvarienberg begleitet: Pilatus, Simon von Zyrene, Maria, die Frauen … Ich frage dich heute: Wer von diesen möchtest du sein? Willst du wie Pilatus sein, der nicht den Mut hat, gegen den Strom zu schwimmen, um das Leben Jesu zu retten, und der seine Hände in Unschuld wäscht? Sag mir: Bist du einer von denen, die ihre Hände in Unschuld waschen, bist du einer, der sich dumm stellt und zu Seite schaut? Oder bist du wie Simon von Zyrene, der Jesus hilft, den schweren

Balken zu tragen, wie Maria und die anderen Frauen, die keine Angst haben, Jesus bis zum Ende zu begleiten, mit Liebe und mit Zärtlichkeit. Und du, wie möchtest du sein? Wie Pilatus, wie Simon von Zyrene, wie Maria? Jesus blickt dich jetzt gerade an und sagt dir: Willst du mir das Kreuz tragen helfen? Lieber Bruder, liebe Schwester: Mit all deiner Kraft eines jungen Menschen, was antwortest du ihm?

Kreuzweg mit den Jugendlichen in Rio de Janeiro, 26. Juli 2013

Jesu Barmherzigkeit

Wir sind in der Welt auf dem Weg wie Jesus und machen aus unserem ganzen Dasein ein Zeichen seiner Liebe zu unseren Brüdern und Schwestern, besonders zu den Schwächsten und Ärmsten. Wir errichten Gott einen Tempel in unserem Leben. Und so ermöglichen wir, dass er »antreffbar« wird für die vielen Menschen, denen wir auf unserem Weg begegnen. Wenn wir Zeugen dieses lebendigen Christus sind, werden viele Menschen in uns, in unserem Zeugnis Jesus begegnen. Doch – so fragen wir uns, und ein jeder von uns kann sich das fragen: Fühlt sich der Herr in meinem Leben wirklich zuhause? Gestatten wir es ihm, in unserem Herzen »sauberzumachen« und die Götzen zu vertreiben, das heißt jene Haltungen der Gier, der Eifersucht, der Weltlichkeit, des Neids, des Hasses, jene Gewohnheit des Schwätzens über andere, bei dem wir ihnen »die Haut abziehen«? Gestatte ich es ihm, mit allen Verhaltensweisen gegen Gott, gegen den Nächsten und gegen uns selbst aufzuräumen, wie wir heute in der ersten Lesung gehört haben? Ein jeder kann sich selbst still in seinem Herzen eine Antwort geben. »Gestatte ich es, dass Jesus ein wenig in meinem Herzen saubermacht?« »Aber Pater, ich habe Angst, dass er mich schlägt!« Doch Jesus schlägt nie. Jesus reinigt mit Zärtlichkeit, mit Barmherzigkeit, mit Liebe. Die Barmherzigkeit ist seine Art, sauberzumachen. Lassen wir es zu – ein jeder von uns –, lassen wir es zu, dass der Herr mit seiner Barmherzigkeit eintritt – nicht mit der Geißel, nein, mit seiner Barmherzigkeit – und in unseren Herzen saubermacht. Die Geißel Jesu, die er bei uns benutzt, ist seine Barmherzigkeit.

Öffnen wir ihm die Tür, damit er ein bisschen saubermacht. Jede Eucharistie, die wir gläubig feiern, lässt uns dank der Gemeinschaft mit seinem gekreuzigten und auferstandenen Leib als lebendigen Tempel des Herrn wachsen. Jesus weiß, was in einem jeden von uns ist, und er kennt auch unser glühendstes Verlangen: das Verlangen, von ihm bewohnt zu werden, allein von ihm. Lassen wir ihn in unser Leben, in unsere Familie, in unsere Herzen eintreten.

Angelus, 8. März 2015

Revolution der Zärtlichkeit

In diesem Heiligtum, das die Erinnerung des gläubigen heiligen Gottesvolkes in Kuba bewahrt, wird
Maria als Mutter der Barmherzigkeit verehrt. Von
hier aus wacht sie über unsere Wurzeln, über unsere
Identität, damit wir uns nicht auf Wegen der Verzweif-
lung verlieren. Die Seele des kubanischen Volkes wurde, wie wir gerade gehört haben, in Schmerzen und
Entbehrungen geschmiedet, die jedoch den Glauben
nicht auszulöschen vermochten. Dieser Glaube über-
lebte dank der vielen Großmütter, die im heimischen
Alltag weiter die lebendige Gegenwart Gottes möglich
machten – die Gegenwart des himmlischen Vaters, die
befreit, stärkt, heilt, Mut verleiht und die ein sicherer
Zufluchtsort sowie ein Zeichen einer neuen Auferstehung ist. Großmütter, Mütter und viele andere, die
mit Zärtlichkeit und Liebe – wie Maria – ein Zeichen
eines göttlichen »Besuches« waren, ein Zeichen des
Mutes und des Glaubens für ihre Enkelkinder und in
ihren Familien. Sie hielten einen Spalt offen, so klein
wie ein Senfkorn, durch den der Heilige Geist weiter
das pulsierende Leben seines Volkes begleitete.

Und »jedes Mal, wenn wir auf Maria schauen, glauben
wir wieder an das Revolutionäre der Zärtlichkeit und
der Liebe« (Evangelii gaudium, 288).

Von Generation zu Generation, von Tag zu Tag sind wir eingeladen, unseren Glauben zu erneuern; sind wir eingeladen, die Revolution der Zärtlichkeit zu leben wie Maria, die Mutter der Barmherzigkeit. Wir sind eingeladen, »aus dem Haus zu gehen«, die Augen und das Herz für die anderen offen zu halten. Unsere Revolution nimmt den Weg über die Zärtlichkeit, über die Freude, die immer zu Nähe, immer zu Mitgefühl wird – was nicht ein Bedauern, sondern ein Mit-Leiden ist, um zu befreien – und die uns dazu führt, uns in das Leben der anderen einzubringen, um zu dienen. Unser Glaube lässt uns aufbrechen und auf die anderen zugehen, um Freude und Heiterkeit, Hoffnung und Frustration miteinander zu teilen. Unser Glaube zieht uns aus dem Haus heraus, um den Kranken, den Gefangenen, den Weinenden zu besuchen und den, der auch versteht, mit den Lachenden zu lachen und sich zu freuen an der Fröhlichkeit der Nachbarn. Wie Maria wollen wir eine Kirche sein, die dient, die aufbricht, die aus ihren Kirchen herausgeht, die aus ihren Sakristeien herausgeht, um das Leben zu begleiten, die Hoffnung zu unterstützen und Zeichen der Einheit eines noblen und würdigen Volkes zu sein. Wie Maria, die Mutter der Barmherzigkeit, wollen wir eine Kirche sein, die aufbricht, um Brücken zu spannen, Mauern zu durchbrechen und Versöhnung auszusäen. Wie Maria wollen wir eine Kirche sein, die – engagiert im Leben, in der Kultur, in der Gesellschaft – alle unan-

genehmen Situationen unserer Mitmenschen zu begleiten versteht. Wir wollen uns nicht davonschlei-
chen, sondern mit unseren Brüdern und Schwestern
mitgehen, alle gemeinsam.

Predigt in der Basilica minor des Heiligtums
»Virgen de la Caridad del Cobre«,
Santiago de Cuba, 22. September 2015

Vater der Barmherzigkeit

Gott wartet auf uns

Mir macht es immer einen tiefen Eindruck, wenn ich das Gleichnis vom barmherzigen Vater lese; es beeindruckt mich, weil es mir stets große Hoffnung schenkt. Denkt an jenen jüngeren Sohn, der im Haus des Vaters war, der geliebt wurde. Und doch will er sein Erbteil, geht weg, gibt alles aus, sinkt auf das niedrigste Niveau herab, am weitesten entfernt vom Vater. Und als er völlig heruntergekommen ist, verspürt er Heimweh nach der Geborgenheit des Vaterhauses, und er kehrt zurück. Und der Vater? Hatte er seinen Sohn vergessen? Nein, niemals. Er ist dort, sieht ihn von weitem, erwartete ihn jeden Tag, jeden Moment: Immer hatte er ihn als Sohn in seinem Herzen, obwohl dieser ihn verlassen hatte, obwohl er das ganze Erbe, das heißt seine Freiheit vergeudet hatte. Mit Geduld und Liebe, mit Hoffnung und Barmherzigkeit hatte der Vater nicht einen Moment aufgehört, an ihn zu denken, und sobald er ihn von ferne erspäht, läuft er ihm entgegen und umarmt ihn zärtlich – mit der Zärtlichkeit Gottes – ohne ein einziges Wort des Vorwurfs: Er ist zurückgekehrt! Und das ist die Freude des Vaters. In dieser Umarmung des Sohns liegt diese ganze Freude: Er ist zurückgekehrt! Gott wartet immer auf uns, er wird nicht müde. Jesus führt uns diese barmherzige Geduld Gottes vor Augen, damit wir Vertrauen und Hoffnung zurückgewinnen, immer! Ein großer deutscher Theologe, Romano Guardini, sagte, dass die Geduld Gottes auf unsere Schwäche antwortet und dies die Rechtfertigung unserer Zuversicht, unserer Hoffnung ist (vgl. Glaubenserkenntnis, Würzburg 1949, S. 28). Das ist wie ein Zwiegespräch zwischen unserer Schwachheit und der Geduld Gottes. Ein Dialog – wenn wir diesen Dialog führen, schenkt er uns Hoffnung.

Predigt bei der Inbesitznahme der Kathedra des Bischofs von Rom, 7. April 2013

Das ist unser barmherziger Vater!

Gott denkt immer mit Barmherzigkeit: Vergesst das nicht. Gott denkt immer mit Barmherzigkeit: Er ist der barmherzige Vater! Gott denkt wie der Vater, der auf die Rückkehr seines Sohnes wartet und ihm entgegengeht, ihn schon von weitem kommen sieht …

Was bedeutet das? Dass er jeden Tag Ausschau hielt, ob sein Sohn nach Hause zurückkehrte: Das ist unser barmherziger Vater. Es ist das Zeichen dafür, dass er auf der Terrasse seines Hauses von Herzen auf ihn wartete. Gott denkt wie der Samariter, der an dem Unglücklichen nicht bedauernd vorübergeht oder seinen Blick von ihm abwendet, sondern ihm zu Hilfe kommt, ohne etwas dafür zu verlangen; ohne zu fragen, ob er Jude ist, ob er Heide ist, ob er Samariter ist, ob er reich ist, ob er arm ist: Er fragt nichts. Er fragt nicht nach diesen Dingen, er verlangt nichts. Er kommt ihm zu Hilfe: So ist Gott. Gott denkt wie der Hirte, der sein Leben hingibt, um die Schafe zu verteidigen und zu retten.

Generalaudienz, 27. März 2013

Experten der Barmherzigkeit

Die Worte des Psalms, »Auch wenn mein Leib und mein Herz verschmachten, Gott ist der Fels meines Herzens und mein Anteil auf ewig« (Ps 73,26) laden uns ein, über unser eigenes Leben nachzudenken. Der Psalmist strahlt freudiges Vertrauen auf Gott aus. Wir wissen alle, das die Freude nicht in allen Zeiten des Lebens auf gleiche Weise zum Ausdruck kommt, dass aber in Augenblicken großer Schwierigkeiten »immer wenigstens ein Lichtstrahl bleibt, der aus der persönlichen Gewissheit hervorgeht, jenseits von allem grenzenlos geliebt zu sein« (Evangelii Gaudium, 6). Die feste Überzeugung, von Gott geliebt zu sein, steht im Mittelpunkt eurer Berufung: für andere ein berührbares Zeichen der Gegenwart des Reiches Gottes zu sein, ein Vorgeschmack der ewigen Freuden des Himmels. Nur wenn unser Zeugnis freudig ist, werden wir Männer und Frauen für Christus interessieren. Und diese Freude ist ein Geschenk und wird durch das Gebetsleben, durch die Betrachtung des Wortes Gottes, durch die Feier der Sakramente und durch das Gemeinschaftsleben, das sehr wichtig ist, genährt. Wenn das fehlt, werden Schwächen und Schwierigkeiten aufkommen, um die Freude niederzudrücken, die wir am Beginn unseres Ordenslebens so gut kannten.

Für euch als gottgeweihte Männer und Frauen ist diese Freude im Geheimnis der Barmherzigkeit des Vaters verwurzelt, die im Opfer Christi am Kreuz offenbart wurde. Ganz gleich, ob das Charisma eures Instituts mehr auf die Kontemplation oder mehr auf das aktive Leben gerichtet ist, seid ihr aufgefordert, besonders durch euer Gemeinschaftsleben »Experten« der göttlichen Barmherzigkeit zu werden. Aus Erfahrung weiß ich, dass das Gemeinschaftsleben nicht immer einfach ist, aber es ist ein günstiges Übungsgelände für das Herz. Es ist unrealistisch, keine Auseinandersetzungen zu erwarten; Missverständnisse werden aufkommen und sie müssen gelöst werden. Trotz all dieser Schwierigkeiten sind wir gerade im Gemeinschaftsleben gerufen, in Barmherzigkeit, in Langmut und vollkommener Nächstenliebe zu wachsen.

Die Erfahrung von Gottes Barmherzigkeit, die durch Gebet und Gemeinschaft genährt wird, muss allem, was ihr seid, und allem, was ihr tut, Gestalt geben. Eure Keuschheit, eure Armut und euer Gehorsam werden ein freudiges Zeugnis für Gottes Liebe sein in dem Maß, wie ihr fest auf dem Fels seiner Barmherzigkeit steht. Sie ist der Fels. Das ist sicher der Fall hinsichtlich des religiösen Gehorsams. Reifer und großherziger Gehorsam verlangt, dass ihr am Gebet mit Christus hängt, der in der Annahme der Knechtsgestalt aus seinem Leiden Gehorsam erlernte (vgl. Perfectae Caritatis, 14). Da gibt es keine Einschränkungen: Gott verlangt unsere Herzen vollständig, und das bedeutet, dass wir »uns selbst loslassen« und immer mehr »aus uns herausgehen« müssen.

Eine lebendige Erfahrung der unerschütterlichen Barmherzigkeit des Herrn stärkt den Wunsch, die Vollkommenheit der Nächstenliebe zu erlangen, die aus der Reinheit des Herzens geboren wird. Die Keuschheit bringt eure zielstrebige Hingabe zur Liebe Gottes zum Ausdruck, der »die Kraft unserer Herzen«

ist. Wir alle wissen, was für ein persönliches und anspruchsvolles Engagement das zur Folge hat. Versuchungen auf diesem Gebiet rufen nach demütigem Gottvertrauen, Wachsamkeit, Ausdauer und nach Offenheit des Herzens gegenüber dem weisen Bruder oder der weisen Schwester, die der Herr uns auf den Weg stellt.

Ansprache bei einer Begegnung mit den koreanischen
Religionsgemeinschaften, 16. August 2014

Für Gott sind wir keine Nummern

Wir feiern heute den Zweiten Sonntag der Osterzeit, der auch »Sonntag der Göttlichen Barmherzigkeit« genannt wird. Wie schön ist diese Wirklichkeit des Glaubens für unser Leben: die Barmherzigkeit Gottes! Eine so große, so tiefe Liebe hat Gott zu uns, eine Liebe, die niemals nachlässt, immer unsere Hand ergreift und uns stützt, uns wieder aufrichtet, uns lenkt.

Im heutigen Evangelium macht der Apostel Thomas eigens die Erfahrung der Barmherzigkeit Gottes, die ein konkretes Gesicht hat, das Gesicht Jesu, des auferstandenen Jesus. Thomas traut nicht dem, was die anderen Apostel ihm sagen: »Wir haben den Herrn gesehen«; es genügt ihm nicht die Verheißung Jesu, der angekündigt hatte: Am dritten Tag werde ich auferstehen. Er will sehen, will seine Finger in die Male der Nägel und seine Hand in Jesu Seite legen. Und was ist die Reaktion Jesu? Geduld: Jesus lässt den eigensinnigen Thomas in seiner Ungläubigkeit nicht fallen; er gibt ihm eine Woche Zeit, verschließt nicht die Tür, sondern wartet. Und Thomas erkennt seine Armseligkeit, seine Kleingläubigkeit. »Mein Herr und mein Gott«: Mit diesem einfachen, doch glaubensvollen Ruf antwortet er auf die Geduld Jesu. Er lässt sich von der göttlichen Barmherzigkeit umfangen, sieht sie vor sich in den Wunden der Hände und der Füße, in der geöffneten Seite, und gewinnt das Vertrauen zurück: Er ist ein neuer Mensch, nicht mehr ungläubig, sondern gläubig.

Und erinnern wir uns auch an Petrus: Dreimal verleugnet er Jesus gerade in dem Moment, als er ihm ganz besonders nahe hätte sein sollen. Und als ihm dies zutiefst bewusst wird, begegnet ihm der Blick Jesu, der ihm geduldig und ohne Worte zu verstehen gibt: »Petrus, hab' keine Angst wegen deiner Schwachheit, vertraue auf mich!« Und Petrus versteht, spürt den liebevollen Blick Jesu und weint. Wie schön ist dieser Blick Jesu – wie viel Zärtlichkeit! Brüder und Schwestern, verlieren wir niemals das Vertrauen in die geduldige Barmherzigkeit Gottes!

Denken wir an die beiden Emmausjünger: Mit trauri-
gem Gesicht gehen sie so vor sich hin, ohne Hoffnung.
Aber Jesus verlässt sie nicht: Er geht mit ihnen, und
nicht nur das! Geduldig erklärt er ihnen, was in der
Schrift über ihn geschrieben steht, und bleibt, um mit
ihnen Mahl zu halten. Das ist der Stil Gottes: Er ist
nicht ungeduldig wie wir, die wir oft alles und sofort
wollen, auch von den Menschen. Gott hat Geduld
mit uns, denn er liebt uns, und wer liebt, der versteht,
hofft, schenkt Vertrauen, gibt nicht auf, bricht die
Brücken nicht ab, weiß zu verzeihen. Erinnern wir
uns daran in unserem Leben als Christen: Gott wartet
immer auf uns, auch wenn wir uns entfernt haben! Er
ist niemals fern, und wenn wir zu ihm zurückkehren,
ist er bereit, uns in seine Arme zu schließen.

Ich möchte noch ein anderes Element unterstreichen:
Die Geduld Gottes muss in uns den Mut antreffen,
zu ihm zurückzukehren, ganz gleich welchen Fehler,
welche Sünde es in unserem Leben gibt. Jesus lädt
Thomas ein, den Finger in die Wunden seiner Hände
und Füße und die Hand in seine geöffnete Seite zu legen. Auch wir können in die Wunden Jesu hineinfas-
sen, ihn wirklich berühren; und das geschieht jedes
Mal, wenn wir gläubig die Sakramente empfangen.
Der heilige Bernhard sagt in einer schönen Predigt:
»Durch … die Wunden [Jesu] kann ich Honig aus
dem Felsen saugen und Öl aus den Felsspalten (vgl.

Dtn 32,13), das heißt kosten und erfahren, wie gut der Herr ist« (Homilie über das Hohelied 61,4). Gerade in den Wunden Jesu sind wir sicher, dort zeigt sich die unermessliche Liebe seines Herzens. Thomas hatte es begriffen. Der heilige Bernhard fragt sich: Aber worauf kann ich mich verlassen? Auf meine Verdienste? Doch »mein Verdienst ist die Barmherzigkeit Gottes. Sicher bin ich nicht arm an Verdiensten, solange er reich an Barmherzigkeit ist. Und so habe ich, wenn die Barmherzigkeiten des Herrn zahlreich sind, einen Überfluss an Verdiensten« (ebd. 5). Das ist wichtig: der Mut, mich der Barmherzigkeit Jesu anzuvertrauen, auf seine Geduld zu zählen, immer Zuflucht in den Wunden seiner Liebe zu nehmen. Der heilige Bernhard geht so weit zu sagen: »Doch was soll ich sagen, wenn ich Gewissensbisse habe wegen meiner vielen Sünden? ›Wo die Sünde mächtig wurde, da ist die Gnade übergroß geworden‹ (Röm 5,20).« (Ebd.) Vielleicht könnte jemand unter uns denken: Meine Sünde ist so groß, meine Entfernung von Gott ist wie die des jüngeren Sohnes aus dem Gleichnis, mein Unglaube ist wie der des Thomas; ich habe nicht den Mut umzukehren, zu meinen, Gott könne mich aufnehmen und warte ausgerechnet auf mich. Doch Gott wartet gerade auf dich, er verlangt von dir nur den Mut, zu ihm zu gehen. Wie oft habe ich in meinem seelsorglichen Dienst die Worte gehört: »Pater, ich habe viele Sünden«; und meine Einladung war immer: »Keine Angst, geh zu ihm, er erwartet dich, er wird alles tun.« Wie viele weltliche Angebote hören wir in unserer Umgebung, aber lassen wir uns vom Angebot Gottes ergreifen – es ist eine herzliche Liebkosung. Für Gott sind wir keine Nummern, wir sind ihm wichtig, ja, wir sind das Wichtigste, das er hat; auch wenn wir Sünder sind, sind wir das, was ihm am meisten am Herzen liegt.

Adam empfindet nach der Sünde Scham, er fühlt sich nackt, spürt das Gewicht dessen, was er getan hat. Und doch gibt Gott nicht auf: Wenn in jenem Moment mit der Sünde die Verbannung aus Gottes Nähe beginnt, gibt es bereits die Verheißung der Rückkehr, die Möglichkeit, zu ihm zurückzukehren. Gott fragt sofort: »Adam, wo bist du?«, er sucht ihn. Jesus hat sich für uns entäußert, hat die Schande Adams, die Nacktheit seiner Sünde auf sich geladen, um unsere Sünde reinzuwaschen: Durch seine Wunden sind wir geheilt. Erinnert euch an die Worte des heiligen Paulus: Welcher Sache soll ich mich rühmen, wenn nicht meiner Schwachheit, meiner Armseligkeit? Gerade indem ich meine Sünde empfinde, indem ich meine Sünde anschaue, kann ich die Barmherzigkeit Gottes, seine Liebe sehen und ihr begegnen und zu ihm gehen, um die Vergebung zu empfangen.

In meinem persönlichen Leben habe ich viele Male das barmherzige Antlitz Gottes, seine Geduld gesehen. Bei vielen Menschen habe ich auch den Mut beobachtet, in die Wunden Jesu hineinzufassen und ihm zu sagen: »Herr, da bin ich, nimm meine Armut an, verbirg meine Sünde in deinen Wunden, wasche sie rein mit deinem Blut.« Und ich habe immer gesehen, dass Gott es getan hat, dass er aufgenommen, getröstet, gewaschen, geliebt hat.

Liebe Brüder und Schwestern, lassen wir uns von der Barmherzigkeit Gottes einhüllen; vertrauen wir auf seine Geduld, die uns immer Zeit lässt; haben wir den Mut, in sein Haus zurückzukehren, in den Wunden seiner Liebe zu wohnen und uns von ihm lieben zu lassen, seiner Barmherzigkeit in den Sakramenten zu begegnen. Wir werden seine so schöne Zärtlichkeit spüren, wir werden seine Umarmung spüren und auch selbst fähiger sein zu Barmherzigkeit, Geduld, Vergebung und Liebe.

Predigt bei der Inbesitznahme der Kathedra
des Bischofs von Rom, 7. April 2013

Gott ist barmherzig

Barmherzigkeit überwindet alle Grenzen

Den rechten Glauben an Jesus Christus zu bewahren und zu verkünden ist die Herzmitte unserer christlichen Identität, denn indem wir das Geheimnis des menschgewordenen Gottessohnes erkennen, werden wir in das Geheimnis Gottes und in das Geheimnis des Menschen eindringen können. Auf die Frage Jesu antwortet Simon: »Du bist der Messias, der Sohn des lebendigen Gottes.« (Mt 16,16). Diese Antwort enthält die gesamte Sendung des heiligen Petrus und fasst zusammen, was das Petrusamt für die Kirche sein wird: die Wahrheit des Glaubens hüten und verkünden, die Gemeinschaft unter allen Ortskirchen verteidigen und fördern, die Kirchendisziplin wahren. Papst Leo war und bleibt in dieser Sendung ein Vorbild, sowohl mit seiner erhellenden Lehre als auch mit seinen von Sanftmut, Mitleid und Gottes Kraft erfüllten Gesten.

Unsere Freude ist es auch heute, liebe Brüder und Schwestern, diesen Glauben zu teilen und Jesus, dem Herrn, gemeinsam zu antworten: »Du bist für uns der Messias, der Sohn des lebendigen Gottes.« Unsere Freude ist auch, gegen den Strom zu schwimmen und die gängige Meinung zu überwinden, der es wie damals nicht gelingt, in Jesus mehr als einen Propheten oder Lehrmeister zu sehen. Unsere Freude ist, in ihm die Gegenwart Gottes zu erkennen, den vom Vater Gesandten, den Sohn, gekommen, um Werkzeug des Heils für die Menschheit zu sein. Dieses Glaubensbekenntnis des Simon Petrus bleibt auch für uns gültig. Es ist nicht nur das Fundament unseres Heils, sondern auch der Weg, auf dem es sich erfüllt, und das Ziel, das es erstrebt.

Denn am Ursprung des Heilsgeheimnisses liegt der Wille eines barmherzigen Gottes, der angesichts des Unverständnisses, der Schuld und des Elends des Menschen nicht aufgeben will, sondern in seiner Hingabe an den Menschen so weit geht, dass er selbst Mensch wird, um jedem Menschen in seiner konkreten Situation zu begegnen. Diese barmherzige Liebe Gottes ist es, die Simon Petrus auf dem Antlitz Jesu erkennt. Es ist dasselbe Antlitz, das wir erkennen sollen in den Formen der Gegenwart des Herrn unter uns, die er uns zugesichert hat: in seinem Wort, das das Dunkel unseres Verstandes und unseres Herzens erhellt; in seinen Sakramenten, durch die wir aus jedem unserer Tode zu neuem Leben geboren werden; in der brüderlichen Gemeinschaft, die der Heilige Geist unter seinen Jüngern bewirkt; in der grenzenlosen Liebe, die zu großherzigem und aufmerksamem Dienst für alle wird; im Armen, der uns an den Willen Jesu erinnert, dass die höchste Offenbarung seiner selbst und des Vaters das Bild des erniedrigten Gekreuzigten sein solle.

Diese Glaubenswahrheit ist eine Wahrheit, die Anstoß erregt, denn sie verlangt, an Jesus zu glauben, der Gott gleich war, sich aber erniedrigte und wie ein Sklave wurde, bis zum Tod am Kreuz, und den Gott deshalb zum Herrn des Universums gemacht hat (vgl. Phil 2,6–11). Das ist die Wahrheit, die auch heute noch Empörung hervorruft bei dem, der das Geheimnis Gottes nicht erträgt, das in das Antlitz Jesu eingeprägt ist. Das ist die Wahrheit, die wir nicht erreichen und erfassen können, ohne – wie es der heilige Paulus ausdrückt – in das Geheimnis Jesu Christi einzudringen und ohne untereinander so gesinnt zu sein, wie es dem Leben in ihm entspricht (vgl. Phil 2,5). Nur ausgehend vom Herzen Christi können wir seine Wahrheit verstehen, bekennen und leben. Tatsächlich ist die in Jesus vollkommen verwirklichte Gemeinschaft von Göttlichem und Menschlichem unser Ziel, der Zielpunkt der menschlichen Geschichte nach dem Plan des Vaters.

Es ist die Seligkeit der Begegnung zwischen unserer Schwäche und seiner Größe, unserm Kleinsein und seiner Barmherzigkeit, die all unsere Grenzen überwinden wird. Aber dieses Ziel ist nicht nur der Horizont, der unseren Weg erhellt, sondern auch das, was uns mit seiner sanften Kraft anzieht; es ist das, was wir hier im Voraus genießen und leben und was wir Tag für Tag aufbauen durch all das Gute, das wir um uns herum aussäen. Das sind die Samen, die zur Schaffung einer neuen, einer erneuerten Menschheit beitragen, wo niemand ausgegrenzt oder weggeworfen wird; wo der, der dient, der Größte ist; wo die Armen und Kleinen angenommen werden und Hilfe finden.

Gott und Mensch sind nicht die beiden Extreme eines Gegensatzes: Seit jeher suchen sie einander, weil Gott im Menschen sein eigenes Bild erkennt und der Mensch sich nur im Blick auf Gott erkennt. Das ist wahre Weisheit, die das Buch Jesus Sirach als Merkmal derer hervorhebt, die dem Herrn nachfolgen. Es ist die Weisheit des heiligen Leo des Großen, Frucht verschiedener zusammenkommender Elemente: Wort, Einsicht, Gebet, Lehre, Gedenken. Aber der heilige Leo sagt uns auch, dass es wahre Weisheit nur geben kann in Verbindung mit Christus und im Dienst an der Kirche. Und das ist der Weg, auf dem wir der Menschheit begegnen und ihr im Geist des barmherzigen Samariters begegnen können. Nicht umsonst trug der Humanismus, dessen Zeugin Florenz in dessen kreativsten Momenten war, stets das Antlitz der Nächstenliebe.

Predigt im Stadion Artemio Franchi in Florenz, 10. November 2015

Warum feiern wir dieses Heilige Jahr der Barmherzigkeit? Die Kirche und wir alle brauchen dieses Jahr, das uns die Gegenwart und Nähe Gottes besonders zeigt, wir brauchen seine göttliche Barmherzigkeit, die das Dunkel der Sünde überstrahlt. Die Barmherzigkeit zeigt einen ganz wesentlichen Aspekt des Evangeliums auf: Jesus Christus, die menschgewordene Barmherzigkeit, offenbart uns die Liebe des dreifaltigen Gottes. Das Heilige Jahr ruft uns auf, das Geschenk der Barmherzigkeit neu zu leben. Lassen wir uns von der milden Vergebung Gottes berühren. Dann werden auch wir tiefer verstehen, was »Gott am meisten gefällt«: einander vergeben und Barmherzigkeit erweisen. In diesem Sinne vermittelt uns auch jede Erneuerung der kirchlichen Einrichtungen und Strukturen eine lebendige Erfahrung der göttlichen Barmherzigkeit. Das Geschenk der Barmherzigkeit Gottes breite sich durch uns aus, hinein in die ganze Gesellschaft, die verschiedenen Institutionen, die Arbeitsstellen und Familien. Die Gabe der Barmherzigkeit führt uns dazu, Gutes zu tun. Sie befreit uns von der Eigenliebe und öffnet uns für die wirkliche Liebe.

In diesem Licht werden wir uns selbst als Sünder erkennen und bekennen, damit wir die göttliche Barmherzigkeit erfahren. Die Barmherzigkeit Gottes verändert die Welt!

Generalaudienz, 9. Dezember 2015

Es kommt mitunter vor, dass man sich enttäuscht, entmutigt und von allen verlassen fühlt: aber Gott vergisst seine Kinder nicht, er lässt sie nie im Stich! Er ist immer an unserer Seite, vor allem in den Stunden der Prüfung; er ist ein Vater »voll Erbarmen« (Eph 2,4), der seinen gütigen und wohlwollenden Blick stets auf uns gerichtet hält, der uns immer mit offenen Armen erwartet.

Das ist eine Gewissheit, die uns mit Trost und Hoffnung erfüllt, gerade in schwierigen und traurigen Augenblicken. Selbst wenn wir im Leben Fehler begangen haben, wird der Herr uns doch unermüdlich den Weg zur Umkehr und zur Begegnung mit ihm aufzeigen. Die Liebe, die Jesus einem jeden von uns entgegenbringt, ist Quell des Trostes und der Hoffnung. Von dieser grundlegenden Gewissheit sind wir beseelt: Nichts kann uns jemals von der Liebe Gottes trennen! Nicht einmal die Gitterstäbe eines Gefängnisses. Das Einzige, was uns von ihm trennen kann, ist unsere Sünde. Aber wenn wir sie mit aufrichtiger Reue erkennen und bekennen, dann wird gerade diese Sünde zum Ort der Begegnung mit ihm, da er barmherzig ist.

Ansprache in der Haftanstalt Guiseppe
Salvia in Poggioreale (Neapel), 21. März 2015

Gott wird nie müde

Am heutigen fünften Sonntag der Fastenzeit legt uns das Evangelium die Episode von der ehebrecherischen Frau vor (vgl. Joh 8,1–11), die Jesus vor der Verurteilung zum Tod rettet. Es beeindruckt die Haltung Jesu: Wir hören keine Worte der Verachtung, wir hören keine Worte der Verdammung, sondern nur Worte der Liebe, der Barmherzigkeit, die zur Umkehr auffordern. »Auch ich verurteile dich nicht. Geh und sündige von jetzt an nicht mehr!« (Joh 8,11) Ja, Brüder und Schwestern, das Gesicht Gottes ist das eines barmherzigen Vaters, der immer Geduld hat. Habt ihr an die Geduld Gottes gedacht, die Geduld, die er mit einem jeden von uns hat? Das ist seine Barmherzigkeit. Immer hat er Geduld, Geduld mit uns, er versteht uns, er wartet auf uns, er wird es nicht müde, uns zu vergeben, wenn wir es verstehen, reuigen Herzens zu ihm zurückzukehren. »Groß ist die Barmherzigkeit des Herrn«, sagt der Psalm.

In diesen Tagen hatte ich die Gelegenheit, das Buch von Kardinal Walter Kasper, das Buch eines Theologen, der sehr tüchtig ist, eines guten Theologen, über die Barmherzigkeit zu lesen. Und jenes Buch hat mir sehr gut getan, doch glaubt jetzt nicht, dass ich Werbung für die Bücher meiner Kardinäle mache! Dem ist nicht so! Doch es hat mir so gut, so gut getan! Kardinal Kasper sagte, dass von der Barmherzigkeit zu hören, dass dieses Wort alles ändert. Es ist das Beste, was wir hören können: Es ändert die Welt. Ein wenig Barmherzigkeit macht die Welt weniger kalt und viel gerechter. Wir haben es notwendig, diese Barmherzigkeit Gottes gut zu verstehen, dieses barmherzigen Vaters, der so viel Geduld hat. Wir erinnern uns an den Propheten Jesaja, der sagt: Wären unsere Sünden auch rot wie Scharlach, so würde sie die Liebe Gottes weiß wie Schnee machen. Schön ist das, das mit der Barmherzigkeit!

Eine Erinnerung: Gerade als ich Bischof geworden war, im Jahr 1992, ist die Gottesmutter von Fatima nach Buenos Aires gekommen, und es wurde eine große Messe für die Kranken gefeiert. Ich bin zu jener Messe gegangen, um Beichte zu hören. Und fast am Schluss der Messe bin ich aufgestanden, weil ich eine Firmung spenden musste. Da ist eine alte, sehr einfache Frau zu mir gekommen, die über achtzig war. Ich habe sie angeschaut und zu ihr gesagt:

»Nonna – denn bei uns sagt man so zu den alten Leuten: Nonna – wollen Sie beichten?« »Ja«, sagte sie mir. »Aber wenn Sie nicht gesündigt haben?« Und sie hat mir erwidert: »Alle haben wir Sünden.« »Doch vielleicht vergibt sie der Herr nicht.« »Der Herr vergibt alles«, antwortete sie mir mit Überzeugung. »Frau, wie aber können Sie das wissen?« »Wenn der Herr nicht alles vergäbe, gäbe es die Welt nicht.« Ich hätte sie gerne gefragt: »Sagen Sie mir, liebe Frau, haben Sie an der Gregoriana studiert?«, denn das ist die Weisheit, die der Heilige Geist gibt: die innere Weisheit, die zur Barmherzigkeit Gottes führt.

Wir wollen dieses Wort nicht vergessen: Gott wird es nie müde, uns zu vergeben, nie! »Oh, Pater, worin liegt das Problem?« Tja, das Problem ist, dass wir es müde werden, dass wir nicht wollen, dass wir es müde werden, um Vergebung zu bitten. Er wird es nie müde, zu vergeben, doch wir werden bisweilen müde, die Vergebung zu erbitten. Wir wollen dessen nie müde werden, nie! Er ist der liebende Vater, der immer vergibt, der dieses Herz der Barmherzigkeit für uns alle hat, und auch wir wollen lernen, mit allen barmherzig zu sein. Bitten wir um die Fürsprache der Gottesmutter, die die menschgewordene Barmherzigkeit Gottes in ihren Armen gehalten hat.

Angelus, 17. März 2013

»Gott, der voll Erbarmen ist«

Das heutige Evangelium unterbreitet uns die Worte, die Jesus an Nikodemus richtet: »Denn Gott hat die Welt so sehr geliebt, dass er seinen einzigen Sohn hergab.« (Joh 3,16) Während wir dieses Wort hören, wenden wir den Blick unseres Herzens auf Jesus, den Gekreuzigten, und spüren in unserm Innern, dass Gott uns liebt, dass er uns wirklich liebt, und dass er uns sehr liebt! Ja, das ist der einfachste Ausdruck, der das ganze Evangelium, den ganzen Glauben, die ganze Theologie zusammenfasst: Gott liebt uns mit unentgeltlicher und grenzenloser Liebe. So liebt uns Gott, und diese Liebe offenbart Gott vor allem in der Schöpfung, wie die Liturgie im vierten Hochgebet verkündet: »Alles hast du erschaffen, denn du bist die Liebe und der Ursprung des Lebens. Du erfüllst deine Geschöpfe mit Segen und erfreust sie alle mit dem Glanz deines Lichtes.« Am Ursprung der Welt steht nur die freie und unentgeltliche Liebe des Vaters. Der heilige Irenäus, ein Heiliger der ersten Jahrhunderte, schreibt: »Also hat Gott im Anfang den Adam erschaffen, nicht als ob er selbst des Menschen bedurft hätte, sondern damit er auf jemand sein Wohlgefallen ausschütten konnte« (Adversus haereses, IV, 14, 1). So ist es, so ist die Liebe Gottes.

Im vierten Hochgebet heißt es weiter: »Als der Mensch im Ungehorsam deine Freundschaft verlor und der Macht des Todes verfiel, hast du ihn dennoch nicht verlassen, sondern voll Erbarmen allen geholfen, dich zu suchen und zu finden.« Er ist mit seinem Erbarmen gekommen. Wie in der Schöpfung tritt auch in den folgenden Etappen der Heilsgeschichte die Unentgeltlichkeit der Liebe Gottes hervor: Der Herr wählt sein Volk nicht, weil es dies verdient hätte, sondern weil es das kleinste aller Völker ist, wie er sagt. Und als die »Fülle der Zeit« kam, hat Gott, obwohl die Menschen den Bund mehrmals gebrochen hatten, sie nicht verlassen, sondern ein neues Band geknüpft, im Blut Jesu – das Band des neuen und ewigen Bundes – ein Band, das nichts mehr brechen können wird.

Der heilige Paulus ruft in Erinnerung: »Gott, der voll Erbarmen ist« – das darf nie vergessen werden: er ist voll Erbarmen –, »hat uns, die wir infolge unserer Sünden tot waren, in seiner großen Liebe, mit der er uns geliebt hat, zusammen mit Christus wieder lebendig gemacht.« (Eph 2,4) Das Kreuz Christi ist der höchste Beweis für die Barmherzigkeit und Liebe Gottes zu uns: Jesus hat uns »bis zur Vollendung« geliebt (Joh 13,1), das heißt nicht nur bis zum letzten Augenblick seines irdischen Lebens, sondern bis zur äußersten Grenze der Liebe. Wenn uns der Vater in der Schöpfung den Beweis seiner unendlichen Liebe gegeben hat, indem er uns das Leben schenkte, so hat er uns in der Passion und im Tod seines Sohnes den Beweis der Beweise geliefert: Er ist gekommen, um für uns zu leiden und zu sterben. So groß ist das Erbarmen Gottes: Er liebt uns, er vergibt uns; Gott vergibt alles und Gott vergibt immer.

Maria, die Mutter der Barmherzigkeit ist, gebe uns im Herzen die Gewissheit, dass wir von Gott geliebt sind. Sie stehe uns in den Augenblicken der Not nahe und schenke uns die Empfindungen ihres Sohnes, damit unser Weg durch die Fastenzeit eine Erfahrung der Vergebung, des Angenommenseins und der Liebe sei.

Angelus, 15. März 2015

Offene Tür der Barmherzigkeit

Mit dieser Reflexion sind wir an der Schwelle des Jubiläums angekommen, es steht unmittelbar bevor. Vor uns liegt die Tür, aber nicht nur die Heilige Pforte, sondern die andere: die große Tür der Barmherzigkeit Gottes – und das ist eine schöne Tür! –, der unsere Reue annimmt und die Gnade seiner Vergebung anbietet. Die Tür steht weit offen; wir müssen nur den Mut aufbringen, die Schwelle zu überschreiten. Jeder von uns hat Dinge in sich, die ihn belasten. Wir alle sind Sünder! Nutzen wir diesen kommenden Augenblick und überschreiten wir die Schwelle der Barmherzigkeit Gottes, der nie müde wird zu vergeben, der nie müde wird, auf uns zu warten! Er schaut uns an, er ist stets bei uns. Nur Mut! Treten wir ein durch diese Tür!

Von der Bischofssynode, die wir im vergangenen Oktober abgehalten haben, sind alle Familien und die gesamte Kirche sehr ermutigt worden, einander auf der Schwelle dieser offenen Tür zu begegnen. Die Kirche ist ermutigt worden, ihre Türen zu öffnen, um mit dem Herrn hinauszugehen und den Söhnen und Töchtern entgegenzutreten, die – manchmal unsicher, manchmal verirrt – in diesen schwierigen Zeiten unterwegs sind. Insbesondere die christlichen Familien sind ermutigt worden, dem Herrn die Tür zu öffnen, der darauf wartet, einzutreten und seinen Segen und seine Freundschaft zu bringen. Und wenn die Tür der Barmherzigkeit Gottes stets offen ist, dann müssen auch die Türen unserer Kirchen, unserer Gemeinschaften, unserer Pfarrgemeinden, unserer Einrichtungen, unserer Diözesen offen sein, denn so können wir alle hinausgehen und die Barmherzigkeit Gottes bringen. Das Jubiläum verweist auf die große Tür der Barmherzigkeit Gottes, aber auch auf die kleinen Türen unserer Kirchen, die offen sind, um den Herrn eintreten zu lassen – oder die oftmals auch den Herrn hinausgehen lassen, wenn er ein Gefangener unserer Strukturen, unseres Eigennutzes und vieler Dinge ge worden ist.

Der Herr bricht nie die Tür auf: Auch er bittet um Erlaubnis, eintreten zu dürfen. Im Buch der Offenbarung heißt es: »Ich stehe vor der Tür und klopfe an. Wer meine Stimme hört und die Tür öffnet, bei dem werde ich eintreten und wir werden Mahl halten, ich mit ihm und er mit mir.« (3,20) Das müssen wir uns einmal vorstellen: Der Herr klopft an die Tür unseres Herzens! Und in der letzten großen Vision des Buches der Offenbarung wird über die Stadt Gottes geweissagt: »Ihre Tore werden den ganzen Tag nicht geschlossen«, das heißt für immer, denn »Nacht wird es dort nicht mehr geben« (21,5). Es gibt Orte auf der Welt, an denen die Türen nicht verschlossen werden, noch gibt es sie. Es gibt jedoch auch viele, an denen Panzertüren normal geworden sind. Wir dürfen nicht vor der Idee kapitulieren, dieses System auf unser ganzes Leben anwenden zu müssen: auf das Leben der Familie, der Stadt, der Gesellschaft. Und schon gar nicht auf das Leben der Kirche. Das wäre schrecklich!

Eine ungastliche Kirche sowie eine in sich selbst verschlossene Familie lassen das Evangelium absterben und die Welt verdorren. Keine Panzertüren in der Kirche, keine! Alles muss offen sein! Der symbolische Umgang mit den »Türen« – mit den Schwellen, den

Übergängen, den Grenzen – ist entscheidend geworden. Die Tür soll schützen, gewiss, aber sie darf nicht abweisend sein. Man darf die Tür nicht aufbrechen, sondern muss im Gegenteil um Einlass bitten, denn die Gastfreundschaft erstrahlt in der freien Aufnahme und verdunkelt sich in der anmaßenden Grenzüberschreitung. Die Tür wird häufig geöffnet, um zu sehen, ob draußen jemand wartet und vielleicht nicht den Mut, vielleicht auch nicht die Kraft hat anzuklopfen. Wie viele Menschen haben das Vertrauen verloren, haben nicht den Mut, an die Tür unseres christlichen Herzens, an die Türen unserer Kirchen zu klopfen … Und sie sind da, sie haben nicht den Mut, wir haben ihnen das Vertrauen genommen: Bitte, das darf niemals geschehen. Die Tür sagt viel über das Haus und auch über die Kirche.

Der Türdienst verlangt aufmerksame Unterscheidungsgabe und muss gleichzeitig großes Vertrauen einflößen. Ich möchte ein Wort des Dankes an alle Türhüter sagen: in unseren Wohnblöcken, den zivilen Einrichtungen, auch den Kirchen. Oft können Umsicht und Freundlichkeit des Pförtners dem ganzen Haus bereits am Eingang den Eindruck der Menschlichkeit und der gastfreundlichen Aufnahme verleihen. Wir können von diesen Männern und Frauen lernen, die Hüter der Orte der Begegnung und der Aufnahme in der Stadt des Menschen sind! Euch allen, den Pförtnern vieler Türen – seien es Haustüren oder Kirchen-

türen – danke ich vielmals! Aber immer mit einem Lächeln: Ihr müsst stets die Gastfreundschaft jenes Hauses, jener Kirche zeigen, damit die Menschen sich an
jenem Ort glücklich und angenommen fühlen. Sind
wir uns wirklich bewusst, dass wir selbst die Hüter
und Diener der Tür Gottes sind, und wie heißt die
Tür Gottes? Jesus! Er erleuchtet uns über alle Türen
des Lebens, einschließlich der Türen unserer Geburt
und unseres Todes. Er selbst hat es gesagt: »Ich bin
die Tür; wer durch mich hineingeht, wird gerettet
werden; er wird ein- und ausgehen und Weide finden.«
(Joh 10,9) Jesus ist die Tür, die uns ein- und ausgehen
lässt. Denn der Schafstall Gottes ist ein Zufluchtsort,
kein Gefängnis! Das Haus Gottes ist ein Zufluchtsort,
kein Gefängnis, und die Tür heißt Jesus.

Und wenn die Tür verschlossen ist, sagen wir: »Herr,
öffne die Tür!« Jesus ist die Tür, die uns ein- und ausgehen lässt. Die Diebe versuchen, die Tür zu vermeiden. Seltsamerweise versuchen die Diebe immer,
anderswo einzusteigen, durch das Fenster, über das
Dach. Aber sie vermeiden die Tür, denn sie haben
schlechte Absichten und schleichen sich in den Schafstall ein, um die Schafe zu täuschen und auszunutzen.
Wir müssen durch die Tür gehen und auf die Stimme
Jesu hören: Wenn wir den Klang seiner Stimme hören,
sind wir sicher, sind wir gerettet. Wir können furchtlos
eintreten und gefahrlos hinausgehen. In dieser wun-

derschönen Rede Jesu ist auch vom Türhüter die Rede, der die Aufgabe hat, dem guten Hirten zu öffnen (vgl. Joh 10,2). Wenn der Türhüter die Stimme des Hirten hört, dann öffnet er und lässt alle Schafe herein, die der Hirt bringt: alle, auch jene, die sich in den Wäldern verirrt hatten und die der gute Hirt zurückgeholt hat. Die Schafe wählt nicht der Türhüter, es wählt sie nicht der Pfarrsekretär oder die Pfarrsekretärin; die Schafe werden alle gesandt, sie sind vom guten Hirten auserwählt. Auch der Türhüter selbst gehorcht der Stimme des Hirten. Wir können also sagen, dass wir wie dieser Türhüter sein müssen. Die Kirche ist Pförtnerin des Hauses des Herrn; sie ist nicht Herrin über das Haus des Herrn.

Die Heilige Familie von Nazaret weiß gut, was eine offene oder verschlossene Tür für jene bedeutet, die ein Kind erwarten, die obdachlos sind, die vor Gefahr fliehen müssen. Die christlichen Familien müssen die Schwelle ihres Hauses zu einem kleinen großen Zeichen der Tür der Barmherzigkeit und der Annahme Gottes machen. Genau so muss die Kirche in allen Teilen der Erde erkannt werden: als Hüterin eines Gottes, der anklopft, als Gastfreundschaft eines Gottes, der dir nicht die Tür vor der Nase zuschlägt unter dem Vorwand, dass du dort nicht zuhause bist. Mit diesem Geist wollen wir uns dem Jubiläum nähern: Es wird dort die Heilige Pforte geben, aber es gibt auch die Tür der großen Barmherzigkeit Gottes! Auch die Tür unseres Herzens muss dort sein, damit wir alle die Vergebung Gottes empfangen und unsererseits Vergebung schenken und alle aufnehmen, die an unsere Tür klopfen.

Generalaudienz, 18. November 2015

EXKLUSIVINTERVIEW
MIT PAPST FRANZISKUS

»Die Zeit der Barmherzigkeit ist jetzt«

Nutzlos, es verhehlen zu wollen: Ein Interview mit dem Papst ist für einen Journalisten etwas Ähnliches wie eine olympische Medaille für einen Sportler – eines jener unmöglichen Ziele, ein Traum, den dennoch jeder in unserem Metier früher oder später einmal wahrzumachen hofft. Doch für uns von Credere war es diesmal anders: Uns ging es nicht darum, uns einen Verdienstorden an die Brust zu heften. Vielmehr hielten wir – als die offizielle Zeitschrift des Heiligen Jahres – es für notwendig oder geradezu unumgänglich, zu Beginn dieses Außerordentlichen Heiligen Jahres die Antworten Jorge Mario Bergoglios zu hören, des Bischofs von Rom, der diese Initiative im Zeichen der Barmherzigkeit vom Augenblick seiner Wahl am Abend des 13. März 2013 an gewollt hat.

Wie schon bei anderen Interviews, die er in diesen zweieinhalb Jahren seines Pontifikats gegeben hat, hat Papst Franziskus kein Blatt vor den Mund genommen. Und wie es seinem Stil entspricht, ist er selbst den persönlichsten Fragen nicht ausgewichen, im Gegenteil: Seine

spirituellen Gedanken werden gerade dadurch besser ver-
ständlich und erscheinen auf eine transparente Weise
wahr, weil Bergoglio sie immer auf die Grundlage seiner
persönlichen Erfahrung stellt: der Erfahrung eines Gläu-
bigen, eines einfachen Christen, der – wie wir alle – der
Barmherzigkeit des Herrn bedarf.

Wir sind sicher, dass es unseren Lesern genauso ergehen
wird wie uns: dass sie in Franziskus' Worten eine wert-
volle Hilfe finden werden, um den Weg zu beschreiten,
den dieses Heilige Jahr uns vorzeichnet, und im Geist der
alten Pilger nach der Gnade und Wahrheit Jesu, des
Herrn, zu suchen, an dessen bevorstehende Ankunft wir
in der gegenwärtigen Zeit des Kirchenjahres besonders
denken.

Heiliger Vater, der Beginn des Heiligen Jahres steht nun
unmittelbar bevor: Können Sie uns erklären, was Sie
dazu veranlasst hat, gerade das Thema der Barmherzig-
keit so in den Fokus zu stellen? Inwiefern halten Sie dies
in der gegenwärtigen Situation der Welt und der Kirche
für notwendig?

»Das Thema der Barmherzigkeit gerät im Leben
der Kirche seit Paul VI. immer stärker in den Blick-
punkt. Johannes Paul II. hat es mit der Enzyklika
Dives in misericordia, der Kanonisierung der heiligen
Faustyna und der Einrichtung des Festes der Göttlichen Barmherzigkeit am Sonntag der Osteroktav
nachdrücklich unterstrichen. Dieser Linie bin ich ge-

folgt und ich habe gespürt, dass es gleichsam ein Wunsch des Herrn ist, den Menschen seine Barmherzigkeit zu zeigen. Es ist mir also nicht einfach so eingefallen, sondern ich greife damit eine Tradition auf, die noch relativ jung ist, auch wenn es sie schon immer gegeben hat. Und mir ist bewusst geworden, dass man etwas tun und diese Tradition fortsetzen musste. Mein erstes Angelusgebet als Papst handelte von der Barmherzigkeit Gottes, und bei dieser Gelegenheit habe ich auch über ein Buch zum Thema Barmherzigkeit gesprochen, das mir Kardinal Walter Kasper während des Konklaves geschenkt hatte; auch in meiner ersten Predigt als Papst am Sonntag, dem 17. März, in der Pfarrkirche Sant'Anna habe ich von der Barmherzigkeit gesprochen. Das war keine Taktik, sondern kam von innen: Der Heilige Geist will etwas. Es ist nicht zu übersehen, dass die Welt von heute Barmherzigkeit, Mitgefühl oder Mitleiden braucht. Wir sind an schlechte Nachrichten und an die größten Gräueltaten gewöhnt, die den Namen und das Leben Gottes beleidigen. Die Welt hat es nötig zu entdecken, dass Gott Vater ist, dass es Barmherzigkeit gibt, dass die Grausamkeit nicht der Weg ist, dass das Verurteilen nicht der Weg ist – denn die Kirche selbst verfolgt zuweilen eine harte Linie, sie erliegt der Versuchung, eine harte Linie zu verfolgen, der Versuchung, nur auf die moralischen Vorschriften zu pochen; doch wie viele Menschen bleiben dann außen vor! Mir kam jenes Bild von der Kirche als einem Feldlazarett nach der Schlacht in den Sinn: Es ist die Wahrheit, wie viele Menschen sind verwundet und zerstört! Die Verwundeten müssen gepflegt werden, man muss ihnen helfen, gesund zu werden, statt ihre Cholesterinwerte zu messen. Ich glaube, dass dies die Zeit der Barmherzigkeit ist. Wir alle sind Sünder, wir alle tragen innere Lasten. Ich habe gespürt, dass Jesus die Tür seines Herzens öffnen will, dass der Vater sein barmherziges Innerstes zeigen will, und deshalb sendet er uns den Geist: um uns zu bewegen und aufzurütteln. Es ist das Jahr der Vergebung, das Jahr der Versöhnung. Auf der einen Seite sehen wir den Handel mit Waffen, die Produktion von Waffen, die töten, wir sehen, dass Unschuldige auf denkbar grausamste Weise ermordet, dass Menschen, Minderjährige, Kinder ausgebeutet werden: Hier geschieht – erlauben Sie mir dieses Wort – ein Sakrileg an der Menschheit, denn der Mensch ist heilig, er ist das Abbild des lebendigen Gottes. Doch da ist der Vater, der sagt: ›Haltet ein und kommt zu mir.‹ Das ist es, was ich in der Welt sehe.«

Sie haben gesagt, dass Sie sich wie alle Gläubigen als ein Sünder fühlen, der Gottes Barmherzigkeit braucht. Welche Rolle hat die göttliche Barmherzigkeit auf Ihrem Weg als Priester und Bischof gespielt? Erinnern Sie sich an einen bestimmten Moment, wo Sie die Barmherzigkeit, mit der

der Herr auf Ihr Leben blickt, besonders deutlich gespürt haben?

»Ich bin ein Sünder, ich fühle mich als ein Sünder, ich bin sicher, dass ich ein Sünder bin; ich bin ein Sünder, den der Herr mit Barmherzigkeit angesehen hat. Ich bin, wie ich zu den Gefängnisinsassen in Bolivien gesagt habe, ein Mensch, der Vergebung erfahren hat. Ich bin ein Mensch, der Vergebung erfahren hat, Gott hat mich mit Barmherzigkeit angesehen und mir vergeben. Ich begehe auch jetzt noch Fehler und Sünden und gehe alle 14 oder 20 Tage zur Beichte. Und wenn ich zur Beichte gehe, dann deshalb, weil ich das Bedürfnis habe, zu spüren, dass Gottes Barmherzigkeit noch immer auf mir ruht. Ich erinnere mich daran – das habe ich schon viele Male erzählt –, wie Gott mich mit Barmherzigkeit angesehen hat: Ich hatte schon immer das Gefühl, dass er sich besonders um mich kümmert, aber der bedeutsamste Moment ereignete sich am 21. September 1953, als ich 17 Jahre alt war. Es war der Tag des Frühlings- und Studentenfestes in Argentinien, und ich wollte ihn mit den anderen Studenten verbringen; ich war praktizierender Katholik, ich ging sonntags in die Messe, aber das war auch schon alles … ich war in der Katholischen Aktion, aber ich tat nichts, ich war bloß ein praktizierender Katholik. Auf dem Weg zum Bahnhof Flores kam ich an der Pfarrkirche vorbei, in die ich normalerweise ging, und verspürte den Drang, einzutreten: Ich trat ein und sah von der Seite her einen Priester kommen, den ich nicht kannte. Ich weiß nicht, was in diesem Moment mit mir geschah, aber ich hatte plötzlich das Bedürfnis, zu beichten, im ersten Beichtstuhl links – dorthin gingen viele Leute, um zu beten. Und ich weiß nicht, was dann geschehen ist, aber ich kam als ein anderer wieder heraus, ich hatte mich verändert. Ich ging in der Gewissheit nach Hause, dass ich mich dem Herrn weihen musste, und dieser Priester hat mich dann fast ein Jahr lang begleitet. Er war ein Priester aus Corrientes, Don Carlos Benito Duarte Ibarra, der im Priesterhaus von Flores lebte. Er hatte Leukämie und wurde im Krankenhaus behandelt. Er starb im darauffolgenden Jahr. Nach der Beerdigung weinte ich bitterlich, ich fühlte mich völlig verloren, wie in der Angst, dass Gott mich verlassen hätte. Das war der Moment, als ich auf Gottes Barmherzigkeit gestoßen bin, und er ist eng mit meinem bischöflichen Wahlspruch verbunden: Der 21. September ist der Tag des heiligen Matthäus, und Beda Venerabilis sagt im Zusammenhang mit der Bekehrung des Matthäus, dass Jesus Matthäus ›miserando atque eligendo‹ angeblickt habe. Das ist eine Formulierung, die man nicht übersetzen kann, weil das eine der beiden Verben im Italienischen kein Gerundium hat und im Spanischen auch nicht. Die wörtliche Übersetzung wäre ›barmherzigend und erwählend‹, fast wie eine handwerkliche Arbeit. ›Er barmherzigte ihn‹: Das ist die wörtliche Übersetzung des Textes.

Als ich diesen Lesetext Jahre später beim Beten des lateinischen Breviers entdeckte, wurde mir bewusst, dass der Herr mich mit seiner Barmherzigkeit handwerklich modelliert hatte. Jedes Mal, wenn ich nach Rom kam, ging ich, weil ich in der Via della Scrofa wohnte, in die Kirche San Luigi dei Francesi, um vor dem Caravaggiogemälde dort zu beten, nämlich just der *Berufung des heiligen Matthäus*.«

Der Bibel zufolge ist der Ort, wo Gottes Barmherzigkeit wohnt, der Schoß, der Mutterleib Gottes. Der sich im Inneren so anrühren lässt, dass er die Sünde vergibt. Kann das Heilige Jahr der Barmherzigkeit eine Gelegenheit sein, die ›Mütterlichkeit‹ Gottes wiederzuentdecken? Ist da vielleicht auch ein eher ›weiblicher‹ Aspekt der Kirche, der stärker zur Geltung gebracht werden könnte?

»Ja, das erklärt er selbst, wenn er bei Jesaja sagt, dass eine Mutter vielleicht ihr Kind vergisst, selbst eine Mutter kann vergessen … Doch ›ich vergesse dich nicht‹. Hier sieht man die mütterliche Dimension Gottes. Nicht alle verstehen es, wenn von der ›Mütterlichkeit Gottes‹ die Rede ist, das ist keine – im guten Sinne des Wortes – populäre, sondern eine etwas gewählte Ausdrucksweise; deshalb spreche ich lieber von der Zärtlichkeit, wie sie für eine Mutter typisch ist, der Zärtlichkeit Gottes, die Zärtlichkeit erwächst aus dem väterlichen Innersten. Gott ist Vater und Mutter.«

Die Barmherzigkeit macht uns – damit beziehen wir uns nach wie vor auf die Bibel – mit einem Gott bekannt, der ›emotionaler‹ ist, als wir ihn uns zuweilen vorstellen. Kann sich auch unsere Haltung gegenüber unseren Mitmenschen ändern, wenn wir einen Gott entdecken, der sich vom Menschen anrühren und erweichen lässt?

»Ihn zu entdecken wird uns zu einer toleranteren, geduldigeren, zärtlicheren Haltung bringen. 1994 habe ich bei einer Gruppenversammlung während der Synode gesagt, man müsse die Revolution der Zärtlichkeit herbeiführen, und ein schon sehr betagter Synodenvater – ein guter Mensch, den ich respektiere und gernhabe – sagte mir, dass es unpassend sei, sich so auszudrücken, und er gab mir die vernünftigen Erklärungen eines klugen Mannes, aber ich sage es noch immer: Die Revolution heute ist die Revolution der Zärtlichkeit, denn von dorther kommt die Gerechtigkeit und alles Übrige. Wenn ein Unternehmer einen Angestellten von September bis Juli beschäftigt, habe ich ihm gesagt, dann tut er nicht das Richtige, denn er entlässt ihn im Juli für die Ferien, um ihn dann mit einem neuen Vertrag wieder von September bis Juli einzustellen, und dadurch hat der Arbeitnehmer weder ein Recht auf Kündigungsschutz noch auf die Rente noch auf die Sozialversicherung. Er hat überhaupt keine Rechte. Der Unternehmer beweist keine Zärtlichkeit, sondern behandelt den Angestellten wie ein Objekt – das nur als Beispiel für einen Mangel an

Zärtlichkeit. Wenn man sich in diesen Menschen hineinversetzt, statt nur an das bisschen mehr Geld in der eigenen Tasche zu denken, dann verändern sich die Dinge. Die Revolution der Zärtlichkeit ist das, was wir heute als Frucht dieses Jahres der Barmherzigkeit kultivieren müssen: die Zärtlichkeit Gottes gegenüber einem jeden von uns. Jeder von uns muss sagen: ›Ich bin ein sündiger Mensch, aber Gott liebt mich so; also muss ich die anderen genauso lieben.‹«

In seiner berühmten »Mondscheinrede« hat Papst Johannes XXIII. die Gläubigen eines Abends mit den Worten verabschiedet: »Liebkost eure Kinder!« Dieses Bild wurde zu einer Ikone der Kirche der Zärtlichkeit. Inwiefern wird das Thema der Barmherzigkeit unseren christlichen Gemeinden helfen können, sich zu bekehren und zu erneuern?

»Wenn ich die Kranken sehe, die Alten, dann kommt die Zärtlichkeit bei mir ganz spontan … Die Zärtlichkeit ist eine Geste, die man zweideutig interpretieren kann, aber sie ist die erste Geste, mit der Mutter und Vater das Neugeborene begrüßen, eine Geste, die sagt: ›Ich habe dich gern‹, ›Ich liebe dich‹, ›Ich will, dass du vorwärtskommst‹.«

Können Sie schon eine Geste vorwegnehmen, mit der Sie Gottes Barmherzigkeit während des Heiligen Jahres bezeugen wollen?

»Es wird viele Gesten geben, aber an einem Freitag im Monat werde ich jedes Mal eine andere machen.«

Das Interview führte Don Antonio Rizzolo,
Chefredakteur von Credere

ANHANG:
DIE PÄPSTLICHE BULLE »ANTLITZ DER BARMHERZIGKEIT«

Jesus Christus ist das Antlitz der Barmherzigkeit des Vaters. Das Geheimnis des christlichen Glaubens scheint in diesem Satz auf den Punkt gebracht zu sein. In Jesus von Nazareth ist die Barmherzigkeit des Vaters lebendig und sichtbar geworden und hat ihren Höhepunkt gefunden. Der Vater, der »voll des Erbarmens« ist (Eph 2,4), der sich Mose als »barmherziger und gnädiger Gott, langmütig, reich an Huld und Treue« (Ex 34,6) offenbart hatte, hat nie aufgehört auf verschiedene Weise und zu verschiedenen Zeiten in der Geschichte seine göttliche Natur mitzuteilen. Als aber die »Zeit erfüllt war« (Gal 4,4), sandte er, seinem Heilsplan entsprechend, seinen Sohn, geboren von der Jungfrau Maria, um uns auf endgültige Weise seine Liebe zu offenbaren. Wer ihn sieht, sieht den Vater (vgl. Joh 14,9). Jesus von Nazareth ist es, der durch seine Worte und Werke und durch sein ganzes Dasein die Barmherzigkeit Gottes offenbart.

Dieses Geheimnis der Barmherzigkeit gilt es stets neu zu betrachten. Es ist Quelle der Freude, der Gelassenheit und des Friedens. Es ist Bedingung unseres Heils. Barmherzigkeit – in diesem Wort offenbart sich das Geheimnis der Allerheiligsten Dreifaltigkeit. Barmherzigkeit ist der letzte und endgültige Akt, mit dem Gott uns entgegentritt. Barmherzigkeit ist das grundlegende Gesetz, das im Herzen eines jeden Menschen ruht und den Blick bestimmt, wenn er aufrichtig auf den Bruder und die Schwester schaut, die ihm auf dem Weg des Lebens begegnen. Barmherzigkeit ist der Weg, der Gott und Mensch vereinigt, denn sie öffnet das Herz für die Hoffnung, dass wir, trotz unserer Begrenztheit aufgrund unserer Schuld, für immer geliebt sind.

Es gibt Augenblicke, in denen wir aufgerufen sind, in ganz besonderer Weise den Blick auf die Barmherzigkeit zu richten und dabei selbst zum wirkungsvollen Zeichen des Handelns des Vaters zu werden. Genau darum habe ich ein Außerordentliches Jubiläum der Barmherzigkeit ausgerufen. Es soll eine Zeit der Gnade für die Kirche sein und helfen, das Zeugnis der Gläubigen stärker und wirkungsvoller zu machen.

Es kommen uns die bedeutungsschweren Worte des heiligen Johannes XXIII. in Erinnerung, die dieser bei der Eröffnung des Konzils gesprochen hatte und mit denen er dessen Richtung vorgab: »Heute dagegen möchte die Braut Christi lieber das Heilmittel der Barmherzigkeit anwenden als die Waffen der Strenge. … Die katholische Kirche, während sie durch dieses ökumenische Konzil die Leuchte der katholischen Glaubenswahrheit hochhält, will sich damit als eine sehr liebevolle, gütige und geduldige Mutter aller erweisen, voller Erbarmung und mit Wohlwollen für ihre Kinder, die von ihr getrennt sind«. Auf der gleichen Linie liegt der selige Paul VI., als er zum Abschluss des Konzils feststellte: »Wir wollen vielmehr unterstreichen, dass die Religion dieses Konzils die Nächstenliebe ist … Die uralte Erzählung vom barmherzigen Samariter wurde zum Paradigma für die Spiritualität dieses Konzils. … Eine Woge der Zuneigung und der Wertschätzung für die moderne Welt ging von diesem Konzil aus. Natürlich werden die Irrtümer abgelehnt, dass verlangt die Verpflichtung zur Liebe und nicht weniger die Verpflichtung zur Wahrheit. Aber für die Menschen gibt es nur Ermutigung, Respekt und Liebe. Statt niederschmetternder Einschätzungen schlägt das Konzil ermutigende Heilmittel vor; statt dunkler Vorahnungen hat das Konzil Botschaften des Vertrauens an die zeitgenössische Welt gerichtet. Nicht nur wurden ihre Werte respektiert, sondern sogar geehrt und ihre Anstrengungen unterstützt und ihre Bestrebungen geläutert und gesegnet. ... Und noch eine andere Sache wollen wir hier aufzeigen: All dieser doktrinäre Reichtum hat ein einziges Ziel, nämlich dem Menschen zu dienen. Und zwar dem Menschen, so dürfen wir sagen, in jeder Lebenslage, in all seinen Krankheiten und in all seinen Bedürfnissen.«

»Barmherzigkeit walten zu lassen, ist ein Wesensmerkmal Gottes. Gerade darin zeigt sich seine Allmacht.« Diese Worte des heiligen Thomas von Aquin zeigen, wie sehr die göttliche Barmherzigkeit eben nicht ein Zeichen von Schwäche ist, sondern eine Eigenschaft der Allmacht Gottes. Gerade deswegen betet die Liturgie in einem ihrer ältesten Tagesgebete: »Großer Gott, du offenbarst deine Macht vor allem im Erbarmen und im Verschonen«. Gott wird in der Geschichte der Menschheit immer gegenwärtig sein als der Nahe, der Vorsorgende, der Heilige und Barmherzige.

Mit dem Wortpaar »geduldig und barmherzig« wird im Alten Testament häufig die Natur Gottes beschrieben. Seine Barmherzigkeit zeigt sich konkret in vielen Momenten der Heilsgeschichte, wo seine Güte letztlich über Strafe und Zerstörung siegt. Besonders die Psalmen bringen diese Größe im Handeln Gottes zum Ausdruck. Er ist es, »der dir all deine Schuld vergibt und all deine Gebrechen heilt, der dein Leben vor dem Untergang rettet und dich mit Huld und Erbarmen krönt.« (Ps 103,3–4)

Noch ausdrücklicher zählt ein anderer Psalm konkrete Zeichen der Barmherzigkeit auf: »Recht verschafft er den Unterdrückten, den Hungernden gibt er Brot; der Herr befreit die Gefangenen. Der Herr öffnet den Blinden die Augen, er richtet die Gebeugten auf. Der Herr beschützt die Fremden und verhilft den Waisen und Witwen zu ihrem Recht. Der Herr liebt die Gerechten, doch die Schritte der Frevler leitet er in die Irre.« (Ps 146,7–9) Und zum Abschluss noch ein weiteres Wort des Psalmisten: »Er heilt die gebrochenen Herzen und verbindet ihre schmerzenden Wunden. ... Der Herr hilft den Gebeugten auf und erniedrigt die Frevler.« (Ps 147,3.6) Zusammenfassend können wir sagen, Gottes Barmherzigkeit ist nicht eine abstrakte Idee, sondern eine konkrete Wirklichkeit, durch die er seine Liebe als die Liebe eines Vaters und einer Mutter offenbart, denen ihr Kind zutiefst am Herzen liegt. Es handelt sich wirklich um eine leidenschaftliche Liebe. Sie kommt aus dem Innersten und ist tiefgehend, natürlich, bewegt von Zärtlichkeit und Mitleid, von Nachsicht und Vergebung.

»Denn seine Huld währt ewig«: Dieser Kehrvers erklingt nach jedem Vers des Psalms 136, der die Geschichte der Offenbarung Gottes besingt. Im Licht der Barmherzigkeit leuchtet in allen Ereignissen der Geschichte des Bundesvolkes deren Heilscharakter auf. Die Barmherzigkeit macht die Geschichte Gottes mit Israel zu einer Heilsgeschichte. Mit der ständigen Wiederholung dieses Kehrverses: »Denn seine Huld währt ewig« scheint der Psalm den Kreislauf von Zeit und Raum durchbrechen zu wollen, indem er alles in das ewige Geheimnis der Liebe hineinlegt. Es ist, als wollte er sagen, dass der Mensch nicht nur in der Vergangenheit, sondern bis in alle Ewigkeit unter dem barmherzigen Blick des Vaters steht. Es kommt daher nicht von ungefähr, dass das Volk Israel diesen Psalm, das Große Hallel, in die Liturgie seiner wichtigsten Feste eingefügt hat.

Jesus selbst hat vor seinem Leiden diesen Psalm der Barmherzigkeit gebetet. Der Evangelist Matthäus berichtet davon, wenn er beschreibt, wie »nach dem Lobgesang« (Mt 26,30) Jesus und die Jünger zum Ölberg hinausgingen. Während er die Eucharistie einsetzte als bleibendes Gedächtnis an ihn und das Ostergeheimnis, stellte er zeichenhaft diesen höchsten Akt der Offenbarung in das Licht der Barmherzigkeit. Im gleichen Horizont der Barmherzigkeit lebte Jesus sein Leiden und Sterben, in vollem Bewusstsein des großen Geheimnisses der Liebe, das sich am Kreuz vollziehen sollte. Zu wissen, dass Jesus selbst diesen Psalm gebetet hat, macht ihn für uns noch wichtiger und lädt uns ein, ihn zu einem Teil unseres täglichen Lobgebetes zu machen: »Denn seine Huld währt ewig!«

Wenn wir den Blick auf Jesus und auf sein barmherziges Antlitz richten, sehen wir die Liebe der Allerheiligsten Dreifaltigkeit. Die Sendung, die Jesus vom Vater erhalten hatte, war es, das Geheimnis der göttlichen Liebe in seiner ganzen Fülle zu offenbaren. »Gott ist die Liebe« (1 Joh 4,8.16), bestätigt der Evangelist Johannes zum ersten und einzigen Mal in der gesamten Heiligen Schrift. Diese Liebe ist sichtbar und greifbar geworden im ganzen Leben Jesu. Seine Person ist nichts anderes als Liebe, eine sich schenkende Liebe. Seine Beziehungen zu den Menschen, die ihn umgeben, sind einzigartig und unwiederholbar. Seine Zeichen, gerade gegenüber den Sündern, Armen, Ausgestoßenen, Kranken und Leidenden, sind ein Lehrstück der Barmherzigkeit. Alles in ihm spricht von Barmherzigkeit. Nichts in ihm ist ohne Mitleid.

Als Jesus sah, dass die vielen Menschen, die ihm folgten, müde und erschöpft waren, verloren und ohne Hirten, empfand er tief im Innersten seines Herzens Mitleid mit ihnen (vgl. Mt 9,36). In der Kraft dieser mitleidenden Liebe heilte er die Kranken, die man zu ihm brachte (vgl. Mt 14,14), und mit wenigen Broten und Fischen machte er viele satt (vgl. Mt 15,37). Was Jesus in all diesen Situationen bewegte, war nichts anderes als die Barmherzigkeit, mit deren Hilfe er im Herzen seiner Gegenüber zu lesen verstand und die es ihm erlaubte ihrem wahrhaftigsten Bedürfnis zu entsprechen. Als er der Witwe von Naim begegnete, die ihren einzigen Sohn zu Grabe trug, empfand er ein solch starkes Mitleid mit diesem unendlichen Schmerz einer Mutter, die ihren Sohn beweinte, dass er diesen vom Tod auferweckte und ihn ihr zurückgab (vgl. Lk 7,15). Nachdem er den Besessenen von Gerasa befreit hatte, gab er ihm folgenden Auftrag: »Berichte alles, was der Herr für dich getan und wie er Erbarmen mit dir gehabt hat.« (Mk 5,19) Auch die Berufung des Matthäus geschieht vor dem Horizont der Barmherzigkeit. Als Jesus an der Zollstelle vorbeikommt, fällt sein Blick auf Matthäus. Es ist ein Blick voller Barmherzigkeit, der die Sünden dieses Mannes vergab. Gegen den Widerstand der anderen Jünger wählt er ihn, den Sünder und Zöllner, und macht ihn zu einem der Zwölf. Der heilige Beda Venerabilis schrieb in seinem Kommentar zu dieser Stelle des Evangeliums, dass Jesus den Matthäus mit barmherziger Liebe anschaute und erwählte: ›miserando atque eligendo‹. Dieses Wort hat mich so sehr beeindruckt, dass ich es zu meinem Wahlspruch machte.

In den Gleichnissen, die von der Barmherzigkeit handeln, offenbart Jesus die Natur Gottes als die eines Vaters, der nie aufgibt, bevor er nicht mit Mitleid und Barmherzigkeit die Sünde vergeben und die Ablehnung überwunden hat. Wir kennen von diesen Bildreden drei ganz besonders: die Gleichnisse vom verlorenen Schaf und von der wiedergefundenen Drachme und das vom Vater und seinen beiden Söhnen (vgl. Lk 15,1–32). In diesen Gleichnissen wird besonders die Freude des Vaters im Moment der Vergebung betont. Darin finden wir den Kern des Evangeliums und unseres Glaubens, denn die Barmherzigkeit wird als die Kraft vorgestellt, die alles besiegt, die die Herzen mit Liebe erfüllt und die tröstet durch Vergebung.

Aus einem weiteren Gleichnis gewinnen wir darüber hinaus eine Lehre für unser eigenes christliches Leben. Provoziert durch die Frage des Petrus, der wissen will, wie oft man verzeihen müsse, antwortet Jesus: »Nicht siebenmal, sondern siebenundsiebzigmal« (Mt 18,22), und er schließt daran das Gleichnis vom »unbarmherzigen Knecht« an. Als dieser seinem Herrn eine große Summe zurückzahlen sollte, bittet er ihn auf Knien und sein Herr erlässt ihm die Schuld. Unmittelbar darauf begegnet er einem Mitknecht, der ihm ein paar wenige Cent schuldig war. Dieser bittet ihn ebenfalls auf Knien um Erbarmen, doch jener weigert sich und lässt ihn ins Gefängnis werfen. Als der Herr davon erfährt, wird er sehr zornig, lässt den Diener rufen und sagt zu ihm: »Hättest nicht auch du mit jenem, der gemeinsam mit dir in meinem Dienst steht, Erbarmen haben müssen, so wie ich mit dir Erbarmen hatte?« (Mt 18,33) Und Jesus fügte an: »Ebenso wird mein himmlischer Vater jeden von euch behandeln, der seinem Bruder nicht von ganzem Herzen vergibt.« (Mt 18,35)

Dieses Gleichnis enthält eine tiefe Lehre für jeden von uns. Jesus stellt fest, dass Barmherzigkeit nicht nur eine Eigenschaft des Handelns Gottes ist. Sie wird vielmehr auch zum Kriterium, an dem man erkennt, wer wirklich seine Kinder sind. Wir sind also gerufen, Barmherzigkeit zu üben, weil uns selbst bereits Barmherzigkeit erwiesen wurde. Die Vergebung von begangenem Unrecht wird zum sichtbarsten Ausdruck der barmherzigen Liebe, und für uns Christen wird sie zum Imperativ, von dem wir nicht absehen können. Wie schwer ist es anscheinend, immer und immer wieder zu verzeihen! Und doch ist die Vergebung das Instrument, das in unsere schwachen Hände gelegt wurde, um den Frieden des Herzens zu finden. Groll, Wut, Gewalt und Rache hinter uns zu lassen, ist die notwendige Voraussetzung für ein geglücktes Leben. Nehmen wir daher die Empfehlung des Apostels auf: »Die Sonne soll über eurem Zorn nicht untergehen.« (Eph 4,26) Und hören wir vor allem auf das Wort Jesu, der die Barmherzigkeit zu einem Lebensideal und Kriterium für die Zeugnishaftigkeit unseres Glaubens gemacht hat: »Selig die Barmherzigen; denn sie werden Erbarmen finden« (Mt 5,7) ist die Seligpreisung, von der wir uns mit besonderer Hingabe in diesem Heiligen Jahr inspirieren lassen sollten.

Wie man sieht, ist die Barmherzigkeit in der Heiligen Schrift das Schlüsselwort, um Gottes Handeln uns gegenüber zu beschreiben. Er beschränkt sich nicht darauf seine Liebe zu beteuern, sondern er macht sie sichtbar und greifbar. Tatsächlich kann die Liebe nie ein abstrakter Begriff sein. Aus ihrer Natur heraus ist sie stets konkrete Wirklichkeit: Absichten, Einstellungen und Verhalten, die sich im tagtäglichen Handeln bewähren. Die Barmherzigkeit Gottes entspringt seiner Verantwortung für uns. Er fühlt sich verantwortlich, er will unser Wohl, und er will uns glücklich sehen, voller Freude und Gelassenheit. Auf der gleichen Wellenlänge muss die barmherzige Liebe der Christen liegen. Wie der Vater liebt, so lieben auch seine Kinder. So wie er barmherzig ist, sind auch wir berufen untereinander barmherzig zu sein.

Der Tragebalken, der das Leben der Kirche stützt, ist die Barmherzigkeit. Ihr gesamtes pastorales Handeln sollte umgeben sein von der Zärtlichkeit, mit der sie sich an die Gläubigen wendet; ihre Verkündigung und ihr Zeugnis gegenüber der Welt können nicht ohne Barmherzigkeit geschehen. Die Glaubwürdigkeit der Kirche führt über den Weg der barmherzigen und mitleidenden Liebe. Die Kirche »empfindet einen unerschöpflichen Wunsch, Barmherzigkeit anzubieten«. Vielleicht haben wir es für lange Zeit vergessen, auf den Weg der Barmherzigkeit hinzuweisen und ihn zu gehen. Auf der einen Seite hat die Versuchung, stets und allein die Gerechtigkeit zu fordern, uns vergessen lassen, dass diese nur der erste Schritt ist. Dieser Schritt ist zwar notwendig und unerlässlich, aber die Kirche muss darüber hinausgehen um eines höheren und bedeutungsvolleren Zieles willen. Auf der anderen Seite ist es traurig ansehen zu müssen, wie die Erfahrung der Vergebung in unserer Kultur immer seltener wird. Sogar das Wort selbst scheint manchmal zu verschwinden. Ohne das Zeugnis der Vergebung bleibt aber nur ein unfruchtbares, steriles Leben, als würde man in einer trostlosen Wüste leben. Für die Kirche ist erneut die Zeit gekommen, sich der freudigen Verkündigung der Vergebung zu widmen. Es ist die Zeit, zum Wesentlichen zurückzukehren und sich der Schwächen und der Schwierigkeiten unserer Brüder und Schwestern anzunehmen. Die Vergebung ist eine Kraft, die zu neuem Leben auferstehen lässt und die Mut schenkt, um hoffnungsvoll in die Zukunft zu blicken.

Die Kirche hat den Auftrag, die Barmherzigkeit Gottes, das pulsierende Herz des Evangeliums, zu verkünden. Durch sie soll die Barmherzigkeit das Herz und den Verstand der Menschen erreichen. Die Braut Christi macht sich die Haltung des Sohnes Gottes zu eigen und geht allen entgegen und schließt keinen aus. In unserer Zeit, in der die Kirche sich der Neuevangelisierung verschrieben hat, gilt es das Thema der Barmherzigkeit mit neuem Enthusiasmus und einer erneuerten Pastoral vorzutragen. Es ist entscheidend für die Kirche und für die Glaubwürdigkeit ihrer Verkündigung, dass sie in erster Person die Barmherzigkeit lebt und bezeugt! Ihre Sprache und ihre Gesten müssen die Barmherzigkeit vermitteln und so in die Herzen der Menschen eindringen und sie herausfordern den Weg zurück zum Vater einzuschlagen.

Die erste Wahrheit der Kirche ist die Liebe Christi. Die Kirche macht sich zur Dienerin und Mittlerin dieser Liebe, die bis zur Vergebung und zur Selbsthingabe führt. Wo also die Kirche gegenwärtig ist, dort muss auch die Barmherzigkeit des Vaters sichtbar werden. In unseren Pfarreien, Gemeinschaften, Vereinigungen und Bewegungen: Überall wo Christen sind, muss ein jeder Oasen der Barmherzigkeit vorfinden können.

»Barmherzig wie der Vater« ist das Leitwort des Heiligen Jahres. In der Barmherzigkeit haben wir den Nachweis, wie Gott liebt. Er gibt sich selbst ganz hin, für immer, als Geschenk, ohne etwas als Gegenleistung zu erbitten. Er kommt uns zu Hilfe, wenn wir ihn darum bitten. Es ist schön, dass das tägliche Gebet der Kirche mit den Worten beginnt: »O Gott, komm mir zu Hilfe. Herr, eile mir zu helfen.« (Ps 70,2) Die Hilfe, die wir erbitten, ist bereits der erste Schritt der Barmherzigkeit Gottes mit uns. Er kommt, um uns aus unserer Schwachheit zu retten. Und seine Hilfe besteht darin, dass er uns bewegt, seine Gegenwart und Nähe anzunehmen. Angerührt von seiner Barmherzigkeit können auch wir Tag für Tag barmherzig mit den anderen sein.

Wir können uns nicht den Worten des Herrn entziehen, auf deren Grundlage wir einst gerichtet werden: Haben wir dem Hungrigen zu essen gegeben und dem Durstigen zu trinken? Haben wir Fremde aufgenommen und Nackte bekleidet? Hatten wir Zeit, um Kranke und Gefangene zu besuchen? (vgl. Mt 25,31–45). Genauso werden wir gefragt werden, ob wir geholfen haben, den Zweifel zu überwinden, der Angst schüren und oft auch einsam machen kann. Waren wir fähig, die Unwissenheit zu besiegen, in der Millionen Menschen leben, besonders die Kinder, denen es an der notwendigen Hilfe fehlt, um der Armut entrissen zu werden? Waren wir denen nahe, die einsam und bekümmert sind?

Haben wir denen vergeben, die uns beleidigt haben, und jede Art von Groll und Hass abgewehrt, die zur Gewalt führen? Hatten wir Geduld nach dem Beispiel Gottes, der selbst so geduldig mit uns ist? Und schlussendlich: Haben wir unsere Schwestern und Brüder im Gebet dem Herrn anvertraut? In einem jeden dieser »Geringsten« ist Christus gegenwärtig. Sein Fleisch wird erneut sichtbar in jedem gemarterten, verwundeten, gepeitschten, unterernährten, zur Flucht gezwungenen Leib ..., damit wir Ihn erkennen, Ihn berühren, Ihm sorgsam beistehen. Vergessen wir nicht die Worte des heiligen Johannes vom Kreuz: »Am Abend unseres Lebens werden wir nach der Liebe gerichtet werden.«

Im Lukasevangelium finden wir einen weiteren wichtigen Aspekt, der hilft, das Jubiläum im Glauben zu leben. Der Evangelist berichtet, wie Jesus nach Nazareth zurückkehrte und, wie es Brauch war, am Sabbat in die Synagoge ging. Sie baten ihn aus der Schrift vorzulesen und diese auszulegen. Es handelte sich um den Abschnitt aus dem Propheten Jesaja, wo es heißt: »Der Geist Gottes, des Herrn, ruht auf mir, denn der Herr hat mich gesalbt. Er hat mich gesandt, damit ich den Armen eine frohe Botschaft bringe und alle heile, deren Herz zerbrochen ist, damit ich den Gefangenen die Entlassung verkünde und den Gefesselten die Befreiung, damit ich ein Gnadenjahr des Herrn ausrufe.« (Jes 61,1–2) Ein »Gnadenjahr des Herrn« ist es, das vom Herrn verkündet wird und das wir leben wollen. Dieses Heilige Jahr bringt den Reichtum der Sendung Jesu mit sich, so wie es in den Worten des Propheten anklingt: den Armen ein Wort und eine Geste des Trostes bringen; denen, die in den neuen Formen der Sklaverei der modernen Gesellschaft gefangen sind, die Freiheit verkünden; denen die Sicht wiedergeben, die nicht mehr sehen können, weil sie nur noch auf sich selbst schauen; denen die Würde zurückgeben, denen man sie geraubt hat. Die Verkündigung Jesu wird in der Antwort aus dem Glauben erneut sichtbar werden, daher im Lebenszeugnis, das die Christen gerufen sind zu geben. Dabei begleitet uns das Apostelwort: »Wer Barmherzigkeit übt, der tue es freudig.« (Röm 12,8)

Die österliche Bußzeit soll in diesem Jubiläumsjahr noch stärker gelebt werden als eine besondere Zeit, in der es gilt, die Barmherzigkeit Gottes zu feiern und zu erfahren. Wie viele Seiten der Heiligen Schrift bieten sich in den Wochen der Fastenzeit zur Meditation an, um das barmherzige Antlitz Gottes wiederzuentdecken! Mit dem Propheten Micha können auch wir sagen: Du, Herr, bist ein Gott, der die Schuld verzeiht und das Unrecht vergibt. Du hältst nicht für immer fest an deinem Zorn; denn du liebst es, gnädig zu sein. Du, Herr, wirst wieder Erbarmen haben mit deinem Volk und unsere Schuld zertreten. Ja, du wirfst all unsere Sünden in die Tiefe des Meeres hinab (vgl. Mi 7,18–19).

Die Abschnitte des Propheten Jesaja können dann noch konkreter betrachtet werden in dieser Zeit des Gebetes, des Fastens und der Nächstenliebe: »Das ist ein Fasten, wie ich es liebe: die Fesseln des Unrechts zu lösen, die Stricke des Jochs zu entfernen, die Versklavten freizulassen, jedes Joch zu zerbrechen, an die Hungrigen dein Brot auszuteilen, die obdachlosen Armen ins Haus aufzunehmen, wenn du einen Nackten siehst, ihn zu bekleiden und dich deinen Verwandten nicht zu entziehen. Dann wird dein Licht hervorbrechen wie die Morgenröte und deine Wunden werden schnell vernarben. Deine Gerechtigkeit geht dir voran, die Herrlichkeit des Herrn folgt dir nach. Wenn du dann rufst, wird der Herr dir Antwort geben, und wenn du um Hilfe schreist, wird er sagen: Hier bin ich. Wenn du der Unterdrückung bei dir ein Ende machst, auf keinen mit dem Finger zeigst und niemand verleumdest, dem Hungrigen dein Brot reichst und den Darbenden satt machst, dann geht im Dunkel dein Licht auf und deine Finsternis wird hell wie der Mittag. Der Herr wird dich immer führen, auch im dürren Land macht er dich satt und stärkt deine Glieder.

Du gleichst einem bewässerten Garten, einer Quelle, deren Wasser niemals versiegt.« (Jes 58,6–11)

Ich werde nicht müde zu wiederholen, dass die Beichtväter ein wahres Zeichen der göttlichen Barmherzigkeit sein sollen. Beichtvater ist man nicht einfach so. Man wird es, und zwar besonders dadurch, dass wir zunächst für uns selbst bußfertig Vergebung suchen. Vergessen wir nie, dass Beichtvater zu sein bedeutet, an der Sendung Jesu teilzuhaben und ein greifbares Zeichen der bleibenden göttlichen Liebe zu sein, die verzeiht und rettet. Wir haben die Gabe des Heiligen Geistes empfangen, um Sünden zu vergeben. Dafür sind wir verantwortlich. Wir sind nicht Herren dieses Sakramentes, sondern treue Verwalter der Vergebung Gottes. Jeder Beichtvater soll die Gläubigen aufnehmen, wie der Vater im Gleichnis den verlorenen Sohn: Es ist ein Vater, der dem Sohn entgegenkommt, obwohl dieser ja seine Güter verschwendet hat. Die Beichtväter sollen den reumütigen Sohn, der nach Hause zurückkehrt, umarmen und ihre Freude darüber zum Ausdruck bringen, dass sie ihn wiedergefunden haben. Sie werden auch nicht müde zum anderen Sohn zu gehen, der draußen geblieben ist und dem es nicht gelingt, sich zu freuen. Ihm erklären sie, dass sein hartes Urteil ungerecht ist und dass es vor der grenzenlosen Barmherzigkeit des

Vaters nicht bestehen kann. Sie stellen keine aufdringlichen Fragen, vielmehr unterbrechen sie – wie der Vater im Gleichnis – die vorbereitete Rede des verlorenen Sohnes, denn sie verstehen es, im Herzen eines jeden Beichtenden den Ruf um Hilfe und das Verlangen nach Vergebung zu lesen. Die Beichtväter sind also berufen immer, überall, in jeder Situation und egal unter welchen Umständen, Zeichen des Primates der Barmherzigkeit zu sein.

Dies ist die günstige Gelegenheit, um sein Leben zu ändern! Das ist der Augenblick, um sich im Herzen anrühren zu lassen. Angesichts des begangenen Übels, auch angesichts schwerer Verbrechen, ist der Zeitpunkt gekommen, das Weinen der unschuldigen Menschen zu hören, die man ihrer Güter, ihrer Würde, der Zuneigung oder gar des Lebens selbst beraubt hat. Weiterhin den Weg des Bösen zu gehen, ist einzig eine Quelle falscher Illusion und Traurigkeit. Das wirkliche Leben ist etwas ganz anderes. Gott wird nicht müde, die Hand auszustrecken. Er ist immer bereit zuzuhören, und auch ich sowie meine Mitbrüder im Bischofs- und Priesteramt sind es. Es genügt nur, die Einladung zur Umkehr anzunehmen und sich der Gerechtigkeit zu unterwerfen, während die Kirche die Barmherzigkeit anbietet.

Es ist nicht sinnlos, in diesem Zusammenhang auf die Beziehung zwischen Gerechtigkeit und Barmherzigkeit hinzuweisen. Es handelt sich dabei nicht um zwei gegensätzliche Aspekte, sondern um zwei Dimensionen einer einzigen Wirklichkeit, die sich fortschreitend entwickelt, bis sie ihren Höhepunkt in der Fülle der Liebe erreicht hat. Die Gerechtigkeit ist ein grundlegendes Konzept der Zivilgesellschaft, in der man sich normalerweise auf eine Rechtsordnung bezieht, in deren Rahmen das Gesetz angewendet wird. Unter Gerechtigkeit versteht man auch, dass einem jeden das gegeben werden muss, was ihm zusteht. In der Bibel spricht man vielfach von der Gerechtigkeit Gottes und von Gott als Richter. Dabei wird sie gemeinhin verstanden als die Beachtung des gesamten Gesetzes und das Verhalten eines jeden guten Israeliten gemäß dem göttlichen Gebot. Diese Sichtweise hat aber nicht selten zu einem Legalismus geführt, indem man den ursprünglichen Sinn verfälscht und den tiefen Sinn der Gerechtigkeit verdunkelt hat. Um eine legalistische Sichtweise zu überwinden, ist es notwendig sich daran zu erinnern, dass in der Heiligen Schrift die Gerechtigkeit hauptsächlich als ein sich völliges und vertrauensvolles Überlassen in den Willen Gottes verstanden wird.

Jesus selbst spricht viel häufiger von der Bedeutung des Glaubens als von der Beachtung des Gesetzes. Und in diesem Sinn müssen wir seine Worte verstehen, als er – während er mit Matthäus und anderen Zöllnern und Sündern zu Tisch sitzt – den Pharisäern, die ihn kritisierten, antwortete: »Darum lernt, was es heißt: Barmherzigkeit will ich, nicht Opfer. Denn ich bin gekommen, um die Sünder zu rufen, nicht die Gerechten.« (Mt 9,13) Angesichts einer Sicht der Gerechtigkeit als der bloßen Einhaltung von Gesetzen, die in der Folge Menschen einteilt in Gerechte und Sünder, versucht Jesus die große Gabe der Barmherzigkeit aufzuzeigen, die Barmherzigkeit, die den Sünder sucht und ihm Vergebung und Heil anbietet. Man versteht, warum er aufgrund einer solchen befreienden Vision, die Quelle der Erneuerung ist, von den Pharisäern und Schriftgelehrten abgelehnt wird. Diese legten in ihrer Gesetzestreue den Menschen lediglich Lasten auf die Schultern, blendeten aber die Barmherzigkeit des Vaters aus. Der Ruf nach der Einhaltung des Gesetzes darf nicht die Aufmerksamkeit für die Bedürfnisse behindern, die die Würde der Menschen ausmachen.

Der Hinweis Jesu auf den Text des Propheten Hosea – »Liebe will ich, nicht Schlachtopfer« (Hos 6,6) – ist in diesem Zusammenhang sehr bedeutsam. Jesus betont, dass von nun an der Primat der Barmherzigkeit die Lebensregel seiner Jünger ist, so wie er es selbst bezeugt hat, als er mit den Sündern zu

Tisch saß. Die Barmherzigkeit wird noch einmal als die grundlegende Dimension der Sendung Jesu aufgezeigt. Das ist eine wirkliche Herausforderung für seine Gegenüber, die bei einer formalen Beachtung des Gesetzes stehenblieben. Jesus geht dagegen über das Gesetz hinaus. Dass er Gemeinschaft hat mit denen, die nach dem Gesetz Sünder waren, lässt verstehen, wie weit die Barmherzigkeit geht.

Auch der Apostel Paulus hat einen ähnlichen Weg durchschritten. Bevor er Jesus auf der Straße nach Damaskus begegnete, suchte er in seinem Leben auf tadellose Weise die Gesetzesgerechtigkeit (vgl. Phil 3,6). Seine Bekehrung zu Christus verwandelte seine Sichtweise völlig, so dass er im Galaterbrief feststellt: »Auch wir sind dazu gekommen, an Christus Jesus zu glauben, damit wir gerecht werden durch den Glauben an Christus, und nicht durch Werke des Gesetzes.« (Gal 2,16) Sein Verständnis der Gerechtigkeit änderte sich radikal. Paulus stellt nun an die erste Stelle den Glauben und nicht mehr länger das Gesetz. Nicht die Beachtung des Gesetzes rettet, sondern der Glaube an Jesus Christus, der durch seinen Tod und seine Auferstehung in seiner gerecht machenden Barmherzigkeit das Heil bringt. Die Gerechtigkeit Gottes bedeutet jetzt die Befreiung derer, die Sklaven der Sünde und all ihrer Folgen sind. Die Gerechtigkeit Gottes ist seine Vergebung (vgl. Ps 51,11–16).

Die Barmherzigkeit steht also nicht im Gegensatz zur Gerechtigkeit. Sie drückt vielmehr die Haltung Gottes gegenüber dem Sünder aus, dem er eine weitere Möglichkeit zur Reue, zur Umkehr und zum Glauben anbietet. Die Erfahrung des Propheten Hosea kommt uns zu Hilfe, um zu zeigen, wie die Gerechtigkeit in Richtung der Barmherzigkeit überboten wird. Dieser Prophet gehört in eine der dramatischsten Abschnitte der Geschichte des Volkes Israels. Das Reich steht kurz vor der Zerstörung. Das Volk hat den Bund gebrochen, hat sich von Gott entfernt und den Glauben der Väter verloren. Nach menschlicher Logik wäre es nur gerecht, dächte Gott daran, dieses untreue Volk zurückzuweisen. Man hat den geschlossenen Bund nicht eingehalten und folgerichtig verdient es die gerechte Strafe, das Exil. Die Worte des Propheten bezeugen das: »Doch er muss wieder zurück nach Ägypten, Assur wird sein König sein; denn sie haben sich geweigert umzukehren.« (Hos 11,5) Und doch, nach dieser ersten Reaktion, die nach Gerechtigkeit verlangt, verändert der Prophet seine Wortwahl radikal und offenbart das wahre Antlitz Gottes: »Mein Herz wendet sich gegen mich, mein Mitleid lodert auf. Ich will meinen glühenden Zorn nicht vollstrecken und Efraim nicht noch einmal vernichten. Denn ich bin Gott, nicht ein Mensch, der Heilige in deiner Mitte. Darum komme ich nicht in der Hitze des Zorns.« (Hos 11,8–9) Der heilige Augustinus sagt gleichsam als Kommentar zu diesem Wort des Propheten: »Es ist leichter, dass Gott seinen Zorn zurückhält als seine Barmherzigkeit.«. Das stimmt. Gottes Zorn dauert einen Augenblick, seine Barmherzigkeit dagegen währt ewig.

Wenn Gott bei der Gerechtigkeit stehenbliebe, dann wäre er nicht mehr Gott, sondern vielmehr wie die Menschen, die die Beachtung des Gesetzes einfordern. Die Gerechtigkeit alleine genügt nicht und die Erfahrung lehrt uns, dass wer nur an sie appelliert, Gefahr läuft, sie sogar zu zerstören. Darum überbietet Gott die Gerechtigkeit mit der Barmherzigkeit und der Vergebung. Das bedeutet keinesfalls, die Gerechtigkeit unterzubewerten oder sie überflüssig zu machen. Ganz im Gegenteil. Wer einen Fehler begeht, muss die Strafe verbüßen. Aber dies ist nicht der Endpunkt, sondern der Anfang der Bekehrung, in der man dann die Zärtlichkeit der Vergebung erfährt. Gott lehnt die Gerechtigkeit nicht ab. Er stellt sie aber in einen größeren Zusammenhang und geht über sie hinaus, so dass man die Liebe erfährt, die die Grundlage der wahren Gerechtigkeit ist. Wir müssen sehr genau hinschauen auf das, was Paulus schreibt, damit wir nicht genau in den Fehler verfallen, den der Apostel bei seinen jüdischen Zeitgenossen kritisiert: »Da sie die Gerechtigkeit Gottes verkannten und ihre eigene aufrichten wollten, haben sie sich der Gerechtigkeit Gottes nicht unterworfen. Denn Christus ist das Ende des Gesetzes, und jeder, der an ihn glaubt, wird gerecht.« (Röm 10,3–4) Diese Gerechtigkeit Gottes ist die Barmherzigkeit, die allen als Gnade geschenkt wird kraft des Todes und der Auferstehung Jesu Christi. Das Kreuz ist also das Urteil Gottes über uns alle und die Welt, denn es schenkt uns die Gewissheit der Liebe und des neuen Lebens.

Die Vergebung unserer Sünden durch Gott ist grenzenlos. Im Tod und in der Auferstehung Jesu Christi lässt Gott seine Liebe sichtbar werden, die selbst die Sünden der Menschen zerstört. Sich mit Gott zu versöhnen wird möglich aufgrund des Paschamysteriums und durch die Vermittlung der Kirche. Gott zeigt sich immer bereit zur Vergebung und er wird nicht müde, sie immer wieder neu und in unerwarteter Weise anzubieten. Dennoch machen wir die Erfahrung der Sünde. Wir wissen, dass wir zur Vollkommenheit berufen sind (vgl. Mt 5,48), aber wir spüren die schwere Last der Sünde. Während wir die Macht der Gnade wahrnehmen, die uns verwandelt, merken wir auch, wie sehr uns die Kraft der Sünde bestimmt. Trotz der Vergebung ist unser Leben geprägt von Widersprüchen, die die Folgen unserer Sünden sind. Im Sakrament der Versöhnung vergibt Gott die Sünden, die damit wirklich ausgelöscht sind. Und trotzdem bleiben die negativen Spuren, die diese in unserem Verhalten und in unserem Denken hinterlassen haben. Die Barmherzigkeit Gottes ist aber auch stärker als diese. Sie wird zum Ablass, den der Vater durch die Kirche, die Braut Christi, dem Sünder, dem vergeben wurde, schenkt und der ihn von allen Konsequenzen der Sünde befreit, so dass er wieder neu aus Liebe handeln kann und vielmehr in der Liebe wächst, als erneut in die Sünde zu fallen.

Die Kirche lebt die Gemeinschaft der Heiligen. In der Eucharistiefeier vollzieht sich diese Gemeinschaft, die ein Geschenk Gottes ist, als geistliches Band, das uns Glaubende mit der unzählbaren Schar der Heiligen und Seligen verbindet (vgl. Offb 7,4). Ihre Heiligkeit kommt unserer Gebrechlichkeit zu Hilfe, und so kann die Mutter Kirche mit ihren Gebeten und ihrem Leben der Schwachheit der einen mit der Heiligkeit der anderen entgegenkommen. Den Ablass des Heiligen Jahres zu leben heißt also, sich der Barmherzigkeit des Vaters anzuvertrauen in der Gewissheit, dass seine Vergebung sich auf das gesamte Leben der Gläubigen auswirkt. Der Ablass bedeutet, die Heiligkeit der Kirche zu erfahren, die teilhat an allen heilbringenden Früchten der Erlösung durch Christus und die diese in der Vergebung weitergibt bis in die letzte Konsequenz hinein, denn die Liebe Gottes reicht auch dorthin.

Leben wir intensiv dieses Jubiläum, indem wir den Vater um die Vergebung der Sünden bitten und um die Ausbreitung seiner barmherzigen Nachsicht.

Die Barmherzigkeit ist auch über die Grenzen der Kirche hinaus bedeutsam. Sie verbindet uns mit dem Judentum und dem Islam, für die sie eine der wichtigsten Eigenschaften Gottes darstellt. Das Volk Israel hat als erstes diese Offenbarung erhalten, die in der Geschichte als der Beginn eines unermesslichen Reichtums bleibt, den es der ganzen Menschheit anzubieten gilt. Wie wir gesehen haben, sind die Seiten des Alten Testamentes voll von Barmherzigkeit, denn sie erzählen von den Werken des Herrn, die dieser für sein Volk in den schwierigsten Momenten seiner Geschichte vollbracht hat. Der Islam seinerseits zählt zu den Namen für den Schöpfer auch den Namen Allerbarmer und Allbarmherziger. Diese Anrufung ist oft auf den Lippen der gläubigen Muslime, die sich in der täglichen Schwachheit von der Barmherzigkeit begleitet und getragen wissen. Auch sie glauben, dass niemand der göttlichen Barmherzigkeit Grenzen setzen kann, denn ihre Tore stehen immer offen.

Unser Gedanke richtet sich nun auf die Mutter der Barmherzigkeit. Ihr liebevoller Blick begleite uns durch dieses Heilige Jahr, damit wir alle die Freude der Zärtlichkeit Gottes wiederentdecken können. Kein anderer hat so wie Maria die Tiefe des Geheimnisses der Menschwerdung Gottes kennengelernt. Ihr ganzes Leben war geprägt von der Gegenwart der fleischgewordenen Barmherzigkeit. Die Mutter des Gekreuzigten und Auferstandenen ist eingetreten in das Heiligtum der göttlichen Barmherzigkeit, denn sie hatte zutiefst Anteil am Geheimnis seiner Liebe.

Dazu erwählt, die Mutter des Sohnes Gottes zu sein, war Maria von Anbeginn an von der Liebe des Vaters vorbereitet worden, um die Lade des Bundes zu sein, des Bundes zwischen Gott und den Menschen. In ihrem Herzen hat sie die Barmherzigkeit Gottes bewahrt, in völligem Einklang mit ihrem Sohn Jesus. Ihr Lobgesang auf der Schwelle des Hauses der Elisabeth war der Barmherzigkeit gewidmet, die sich erstreckt »von Geschlecht zu Geschlecht« (Lk 1,50). Auch wir waren schon in diesen prophetischen Worten der Jungfrau Maria anwesend. Das wird uns Trost und Stärke sein, wenn wir die Heilige Pforte durchschreiten, um die Frucht der göttlichen Barmherzigkeit zu erfahren.

Unter dem Kreuz ist Maria, gemeinsam mit Johannes, dem Jünger, den er liebte, Zeugin der Worte der Vergebung, die über die Lippen Jesu kamen. Diese höchste Form der Vergebung für die, die ihn gekreuzigt haben, zeigt uns, wie weit die Barmherzigkeit Gottes geht. Maria bezeugt, dass die Barmherzigkeit des Sohnes Gottes grenzenlos ist und alle erreicht, ohne jemanden auszuschließen. Richten wir an sie das uralte und doch stets neue Gebet des Salve Regina, dass sie nie müde werde, uns ihre barmherzigen Augen zuzuwenden, und uns würdig mache, das Antlitz der Barmherzigkeit zu betrachten, ihren Sohn Jesus Christus.

Ein Außerordentliches Heiliges Jahr also, um im Alltag die Barmherzigkeit zu leben, die der Vater uns von Anbeginn entgegenbringt. Lassen wir uns in diesem Jubiläum von Gott überraschen. Er wird nicht müde, die Tür seines Herzens offen zu halten und zu wiederholen, dass er uns liebt und sein Leben mit uns teilen will. Die Kirche spürt die dringende Notwendigkeit, Gottes Barmherzigkeit zu verkünden. Ihr Leben ist authentisch und glaubwürdig, wenn sie die Barmherzigkeit überzeugend verkündet. Sie weiß, dass besonders in einer Zeit wie der unsrigen, die voller großer Hoffnungen ist, aber auch voller starker Widersprüche, ihr vorrangiger Auftrag darin besteht, alle durch die Betrachtung des Antlitzes Christi in das große Geheimnis der Barmherzigkeit Gottes einzuführen. Die Kirche ist berufen, als Erste glaubhafte Zeugin der Barmherzigkeit zu sein, indem sie diese als die Mitte der Offenbarung Jesu Christi bekennt und lebt. Aus dem

Herzen der Dreifaltigkeit, aus dem tiefsten Inneren des göttlichen Geheimnisses entspringt und quillt ununterbrochen der große Strom der Barmherzigkeit. Diese Quelle kann niemals versiegen, seien es auch noch so viele, die zu ihr kommen. Wann immer jemand das Bedürfnis verspürt, kann er sich ihr nähern, denn die Barmherzigkeit Gottes ist ohne Ende. So groß und so unergründlich ist die Tiefe des Geheimnisses, das sie umfängt, so groß und so unergründlich der Reichtum, der aus ihr hervorquillt.

In diesem Jubiläumsjahr finde in der Kirche das Wort Gottes Echo, das stark und überzeugend erklingt als ein Wort und eine Geste der Vergebung, der Unterstützung, der Hilfe und der Liebe. Die Kirche werde nie müde, Barmherzigkeit anzubieten, und sie sei stets geduldig im Trösten und Vergeben. Sie mache sich zur Stimme eines jeden Mannes und einer jeden Frau und wiederhole voll Vertrauen und ohne Unterlass: »Denk an dein Erbarmen, Herr, und an die Taten deiner Huld; denn sie bestehen seit Ewigkeit.« (Ps 25,6)

Dieser Text ist ein Auszug aus der Bulle *Misericordiae vultus*, mit der Papst Franziskus das Außerordentliche Jubiläum der Barmherzigkeit angekündigt hat.